I0209396

R. Mueller

Geschichte der St.Johannisloge Hercynia zum Flammenden Stern

im Or. von Goslar

R. Mueller

Geschichte der St.Johannisloge Hercynia zum Flammenden Stern
im Or. von Goslar

ISBN/EAN: 9783743657748

Hergestellt in Europa, USA, Kanada, Australien, Japan

Cover: Foto ©ninafisch / pixelio.de

Weitere Bücher finden Sie auf **www.hansebooks.com**

Geschichte

der

St. Johannisloge

Hercynia zum flammenden Stern

im Or. von Goslar

von

Br. R. Müller,

z. Z. Redner und Bibliothekar.

—⁓⁂⁓ Der

Zweite verbesserte und bis Joh. 1862 fortgeführte Auflage.

—⁓⁂⁓—

Goslar,

Verlag von Br. Brückner.

1862.

Sr. Majestät

dem

Könige Georg V. von Hannover

Allerdurchlauchtigstem Ehrwürdigstem Großmeister

in tiefster Ehrfurcht

gewidmet.

Ungeachtet der freundlichen und nachsichtsvollen Beurtheilung, welche meine ursprünglich zur Feier des
funfzigsten Stiftungsfestes verfaßte Schrift über die
Geschichte der hiesigen Loge bei der ehrwürdigsten
Großloge des Königreichs Hannover gefunden hat,
würde ich nicht gewagt haben, dieselbe nochmals
ans Licht treten zu lassen, wenn nicht unser allerdurchlauchtigster ehrwürdigster Großmeister bei Seiner
Anwesenheit im hiesigen Oriente am 15. Juni d. J.
die Gnade gehabt hätte, Höchstselbst mich zu einer
neuen Bearbeitung meines Werkchens aufzufordern
und mir zu gestatten, Ihm dieselbe zueignen zu
dürfen.

Möge denn meine anspruchslose Arbeit auch jetzt wieder die wohlwollende Aufnahme von Seiten der Brüder in der Nähe und Ferne finden und nicht unwürdig erscheinen, den Namen Sr. Majestät unsers allergnädigsten Königs und Herrn an der Spitze zu tragen!

Dr. Goslar, im Juli 1862.

Br. R. Müller.

1.

Stiftung der Loge. Dieselbe als Töchterloge der Großloge von Westphalen.

1809—13.

—ᴏᴈᴏ—

So lange Goslar seine Selbstständigkeit behauptete und als kaiserliche freie Reichsstadt ein in sich abgeschlossenes Gemeinwesen bildete, war die Maurerei daselbst zwar nicht unbekannt, jedoch findet sich keine Spur davon, daß die hier wohnenden Brr., welche der Mehrzahl nach auf der Universität dem Orden beigetreten waren, das Bedürfniß empfunden hätten, eine eigne Bauhütte zu gründen oder auch nur zu geselligen Zwecken sich enger an einander zu schließen. Der hier herrschende Kastengeist, welcher die Gemüther entfremdete; ein für höhere Bestrebungen abgestorbener Sinn, dem äußeres Wohlleben und materieller Genuß das Wünschenswertheste dünkte; der alt hergebrachte reichsstädtische Schlendrian, der allen noch so wohlthätigen Neuerungen einen pas-

siven Widerstand entgegensetzte; die spießbürgerliche
Beschränktheit der geistigen und socialen Anschauun-
gen, wie sie mit wenigen Ausnahmen auch die höheren Stände noch zu Anfang dieses Jahrhunderts
kennzeichnet und wie sie sich mit den freien weltbür-
gerlichen Tendenzen des Maurerthums nicht ver-
trägt — alles dieses wirkte zusammen, um zu ver-
hindern, daß die K. K. die Gründung einer eignen
Werkstätte hier im Oriente erreichen konnte. Die
Verhältnisse blieben in dieser Hinsicht wesentlich unverändert, als die Stadt ihre Reichsunmittelbarkeit
einbüßte und unter preußische Oberhoheit gelangte.
Erst mit dem Jahre 1807, in welchem Goslar dem
neu gestifteten Königreiche Westfalen einverleibt und
zum Sitze einer Unterpräfektur und eines Civiltribunals angesehen wurde, trat eine Wendung zum
Bessern ein, indem die genannten beiden Behörden
zum Theil mit Männern besetzt wurden, welche dem
Bunde angehörten und wegen der ziemlich weiten
Entfernung auch der nächst gelegenen Loge (Tempel
der Eintracht in Osterode seit 1792, jetzt inaktiv)
den in Anbetracht der damaligen Zeitläufe gewiß
kühn zu nennenden Entschluß faßten, mit vereinten
Kräften den Grundstein zu einer eignen Bauhütte
hier am Orte zu legen. Außer den hier wohnenden
Mitgliedern des Bundes erklärten auch die Brr. der
Umgegend sich mit Freuden bereit, zur Ausführung
jenes Plans mitzuwirken und die zu diesem Ende
erforderlichen nicht unbeträchtlichen Opfer zu bringen. Die Hauptanregung hierzu ging von einem

Manne aus, der von seiner Begeisterung für die
Maurerei so wie von seiner Befähigung, eine Loge
mit Kraft und Umsicht zu leiten, bereits das voll-
gültigste Zeugniß abgelegt hatte.
Es war dieses der Br. G. W. Dieterichs, welcher schon in einem Alter von 17 Jahren — höchst
wahrscheinlich zu Kassel — das maurerische Licht erblickt hatte. Während seines Aufenthalts in Hildesheim schloß er sich der dortigen templerischen Loge
Ferdinand zur gekrönten Säule an, in deren Mit-
gliederverzeichnisse er 1780 als hammerführender Meister aufgeführt steht. Später als fürstlicher Rath
und Syndikus nach Alfeld versetzt stiftete er hier eine
Loge ¹), deren Meister v. St. er bis zu seiner Ueber-
siedelung nach Goslar im März 1808 blieb. Kurz
vorher erhielt er zum Lohne für seine musterhafte
Treue und für die großen Verdienste, welche er sich
um den Bund erworben, in dem Kapitel der Auser-
wählten, das mit der westfälischen Mutterloge verbunden war, den siebenten Grad eines Kapitularen
und wurde unter die wirklichen Mitglieder dieser
Großloge aufgenommen.
Erst wenige Monate hatte Br. Dieterichs hier
geweilt, als man von verschiedenen Seiten den Wunsch

¹) Die Loge Louisa Augusta zu den drei Sternen in Alfeld,
gegründet unter den Auspicien der Gr. Landesloge von Deutschland in Berlin am 3. Sept. 1804, mußte sich 1808 der Großloge von Westfalen anschließen, trat 1816 unter die Provinzialloge von Hannover und stellte späterhin ihre Thätigkeit ein.
Johannis 1808 zählte sie 53 wirkliche Mitglieder.

gegen ihn äußerte, er möchte wie in Alfeld so auch hier den Grundstein zu einer neuen Bauhütte legen. Er verhehlte sich die Bedenken und Schwierigkeiten nicht, auf welche damals die Ausführung eines solchen Unternehmens stoßen mußte; allein der Eifer, mit dem er von jeher die Zwecke des Bundes gefördert hatte, war zu groß und sein Verlangen nach maurerischen Zusammenkünften ernster und heiterer Gattung zu stark, als daß er sich der an ihn ergangenen Aufforderung hätte entziehen sollen. Somit lud er die hier und in der Umgegend wohnenden Brr. zu einer Besprechung ein, die am 13. Juli 1808 statt fand und in welcher folgende Beschlüsse gefaßt wurden:

1) allhier in Goslar unter dem Namen **Hercynia zum flammenden Stern** eine St. Johannisloge zu errichten,

2) die Konstitution zur Errichtung derselben von dem großen Or. zu Kassel Jérome Napoléon nachzusuchen,

3) ein Lokal zur Loge fördersamst auszumitteln,

4) zur Anschaffung der Logengeräthe und Ausbauung des Lokals einen Fonds von 500 ℔ in Golde folgender Gestalt anzuschaffen. Es wollte nämlich

5) der würdige Br. Claudi zur Anleihe dieses Kapitals seinen Namen hergeben und die übrigen beitretenden Mitglieder in Rückbürgschaft für die richtige Wiederbezahlung desselben eintreten;

6) der hochw. Br. Dieterichs wollte für die An-

schaffung der Logengeräthe aus Hannover best-
möglich und förderſamſt ſorgen, auch

7) dahin ſehen, daß die Konſtitution aus Kaſſel ſo-
gleich erfolge;

8) ſollte in dieſer Loge nach den Ritualien der Großen Landesloge von Deutſchland in Berlin gearbeitet werden, wozu

9) beſagter Br. Dieterichs die Ritualien gleichfalls
anſchaffen wollte.

Die Namen derjenigen, welche ſich vereinigten,
die neue Bauhütte zu gründen, ſind:

1) **Georg Wilh. Dieterichs**, Logenmeiſter der
□ Louiſa Auguſta zu den drei Sternen in Alfeld, Richter beim Diſtriktstribunale in Goslar,

2) **Joh. Ludw. Welge**, Mitgl. der □ zu den
drei Weltkugeln in Berlin, Dr. med. und Stadt-
phyſikus in Goslar,

3) **Matth. Joſ. Schuch**, Mitgl. der □ Pforte
zur Ewigkeit in Hildesheim, Friedensrichter im
Kanton Vienenburg,

4) **Joh. Domin. Grashoff**, Mitgl. der □ zum
ſtillen Tempel in Hildesheim, Adminiſtrator des
Domänenamts Schladen,

5) **Tob. El. Ernſt Claudi**, Mitgl. der □ Au-
rora zu Minden, Kaufmann in Goslar,

6) **Ludw. Korn. Karl Bornträger**, Mitgl.
der □ Alexander zu den drei Sternen in Anſpach,
Kriegsrath in Goslar,

7) **Aug. Dan. Knoblauch**, Mitgl. der □ Pforte
zur Ewigkeit in Hildesheim, Amtmann zu Harzburg,

8) Joh. Heinr. Wolpers, Mitgl. der ☐ Karl zur gekrönten Säule in Braunschweig, Kaffierer bei der Generaldistriktskasse zu Goslar,

9) Heinr. Joh. Wilh. Lehmann, Mitgl. der ☐ Ferdinand zur Glückseligkeit in Magdeburg, Domänenreceveur zu Goslar,

10) Franz Wern. Wippern, Mitgl. der ☐ zum stillen Tempel in Hildesheim, Repräsentant der Mutterloge, Friedensrichter im Kanton Schladen,

11) Joh. Laur. Barunke, Mitgl. der ☐ zur brüderlichen Vereinigung in Glogau, Acciseeinnehmer in Goslar,

12) Johann Georg Anton Riese, Mitgl. der ☐ zu den drei Degen in Halle, Dr. med. und prakt. Arzt in Goslar,

13) N. N. Klentze, Mitgl. der ☐ Ferdinand zur gekrönten Säule in Hildesheim, Friedensrichter zu Salzgitter,

14) Heinr. Friedr. Dieterichs, Mitgl. der ☐ Louisa Augusta zu den drei Sternen in Alfeld, Advokat zu Goslar,

15) Friedr. Phil. Ludw. Kühne, Mitgl. der ☐ zum stillen Tempel in Hildesheim, Oberamtmann zu Riechenberg,

16) Heinr. Jäger, Mitgl. derselben ☐, Oberamtmann zu Ringelheim,

17) Phil. Konr. Braunholtz, Mitgl. der ☐ Georg zu den drei Säulen in Einbeck, Apotheker in Goslar,

18) Joh. Christoph Borchers, Mitgl. der ☐

Augusta zu den drei Flammen in Göttingen,
Dr. med. und prakt. Arzt in Goslar,

19) Mor. Bruns, Mitgl. der ☐ Pforte zur Ewigkeit in Hildesheim, Oberamtmann zu Grauhof,

20) Heinr. Christian Ludw. Gelpke, Mitgl.
der ☐ zum goldenen Zirkel in Göttingen, Dr.
med. und prakt. Arzt in Goslar,

21) Karl Heinr. Wilh. Schlüter, Mitgl. der
☐ Pforte zur Ewigkeit in Hildesheim, Advokat
zu Goslar.

Nachdem die Unterhandlungen wegen Anschlusses
an die damalige Großloge in Magdeburg oder an
die Provinzialloge zu den drei Kleeblättern in Aschers-
leben wieder abgebrochen waren, wandte sich Br.
Dieterichs im Namen der vorstehenden Brr. an die
große Mutterloge¹) des Königreichs Westfalen in
Kassel, welche, am 29. Dez. 1807 gegründet, nach
Br. Fr. Voigts' treffender Bemerkung „im Gegen-
„satze zu dem politischen Terrorismus sich wahrhaft
„human bewährte und nirgend störend eingriff."

---

¹) Die Loge Friedrich von der Freundschaft in Kassel,
welche seit 13 Jahren nicht gearbeitet hatte, trat unter dem
Namen Hieronymus zur Treue wieder ins Leben und konsti-
tuirte sich bald nachher zu einer Großloge. Späterhin zählte
sie 14 Töchterlogen, je 2 zu Kassel und Hildesheim, je eine
zu Münden, Alfeld, Einbeck, Goslar, Osterode, Heiligenstadt,
Eschwege, Göttingen, Nordhausen und Celle. Das Mitglieder-
verzeichniß der ☐ Hieronymus Napoleon zur Treue führt Joh.
1808 bereits 96 Namen auf, unter ihnen den des bekannten
Obersten v. Dörnberg.

An ihrer Spitze stand als Großmeister der Minister
der Justiz und des Innern, Simeon[1]), Grand
Conservateur du Gr. Or. de France, und ihm zur
Seite als Deputirter Großmeister der Oberst von
Buttlar, beides Männer vom besten Rufe, die sich
von der allgemeinen Sittenverderbniß, wie sie Vor-
nehme und Geringe zur Zeit des „westphälischen Un-
friedens" ergriffen hatte, unbefleckt erhielten und nicht
wenig dazu beitrugen, daß die Maurerei nicht zu
unlautern politischen Zwecken gemißbraucht wurde.
Nach Ausstellung des üblichen Reverses, worin man
der Mutterloge Treue und Gehorsam versprach, am
20. Nov. 1808, erfolgte bereits zehn Tage später das
Konstitutionspatent, kraft dessen die neu zu errich-
tende Bauhütte unter Nr. 6 als Töchterloge der westfälischen Großloge aufgenommen und zugleich gestat-
tet wurde, daß die Arbeiten nach der Lehrart der
Großen Landesloge von Deutschland vorgenommen
werden durften.   Das Amt eines Repräsentanten bei
der Großloge übernahm der Großredner Br. S. Fr.
Merkel, Advokat beim Staatsrathe, und nach dessen Abgange der Großceremonienmeister Br. A. Chr.
Waitz, Dr. med. in Kassel.

---

[1]) Jos. Jerem. Simeon, geb. zu Xir 1759, nahm noch vor
der Auflösung des Königreichs Westfalen seine Entlassung und
starb zu Paris 1842. Er wußte die unverschämte Begehrlich-
keit seiner Landsleute oft mit derber Rücksichtslosigkeit abzu-
weisen und hinterließ bei seinem Scheiden überall den Ruf
eines nicht bloß tüchtigen, sondern auch durchaus redlichen,
uneigennützigen Mannes.

Noch ehe die Hercynia förmlich installirt war, betrachtete sie sich als eine gerechte und vollkommene Loge und trug kein Bedenken, mehrfache Aufnahmen und Beförderungen vorzunehmen. Auch wurden vorläufig zwei dienende Brr. recipirt, deren einer, Br. Flohr, ein Muster von Ordnungsliebe, Treue und Verschwiegenheit, erst 1846 im Alter von 74 Jahren von hinnen schied. Ebenso verfaßte bereits 1808 der dep. Mstr. der Loge zum stillen Tempel in Hildesheim, Br. Meyer, zum Gebrauche der hiesigen Brr. ein Liederbuch, zu dem 1826 ein Nachtrag erschien und das eine recht zweckmäßige und ansprechende Auswahl von Liedern enthält.

Der Tag der wirklichen Einweihung war anfangs auf den 15. Nov. 1809 bestimmt, an welchem der König Hieronymus von Westfalen sein 25. Lebensjahr vollendete; dieselbe ward jedoch später auf den folgenden Tag verlegt, da wegen der profanen Feier jenes Geburtsfestes mancher Br. behindert gewesen wäre, zu erscheinen. Wie sein ältester Bruder Joseph so gehörte auch Jerome dem Bunde an, hatte jedoch, obwohl von Natur gutmüthig und zur Milde geneigt, wenig von dem Geiste desselben in sich aufgenommen und nicht lange vor Stiftung unsrer Loge die sehr unmaurerische Aeußerung gethan, „nur Sol„daten und Ignoranten“ dulden zu wollen[1]). In

---

[1]) Die Worte des Coulissenkönigs, wie ihn sein kaiserlicher Bruder zu nennen pflegte, sind zu bezeichnend und zu wenig bekannt, als daß sie hier nicht Platz finden sollten. In Gegen-

Gegenwart von 25 wirklichen Mitgliedern und 6 be=
suchenden Brrn. aus Hildesheim und Osterode ergriff
Br. Dieterichs den ersten Hammer, las die Stif=
tungsurkunde vor und gründete unter dem Schutze
des o. B. a. W. und im Auftrage der Großen Mut=
terloge so wie vermöge der ihm zustehenden Gewalt
die neue Bauhütte unter dem noch jetzt unverändert
beibehaltenen Namen. Dann traten die Brr. zum
Altare, um das Gelübde des Gehorsams und der
Treue zu leisten, worauf der Hammerführende die drei
auf dem Boden liegenden Säulen aufrichten ließ, die
Bibel bei dem ersten Kapitel des Ev. Joh. aufschlug
und die Beamten nochmals besonders in Eid und
Pflicht nahm. Nach der Affiliation des Brs. Gie=
secke, Präsidenten des Civiltribunals, und der Auf=
nahme eines Suchenden, des Brs. Kahler 1., Kauf=
manns in Goslar, hielt der Redner, Br. Gehrich 1,
den Festvortrag, nach dessen Beendigung der subst.
Redner, Br. Besser, mit einer Zeichnung auftrat,
in der er sich über die Hauptgegenstände maurerischer
Thätigkeit verbreitete. — Ein passendes und geräu=
miges Lokal hatte man in dem an der Kornstraße
unter Nr. 1093 belegenen, damals einer Hauptmannin

---

wart des ganzen Hofes hatte Jerome, durch v. Dörnberg's
tollkühnes Unternehmen verstimmt, wörtlich folgendes gesagt:
„Je ne veux plus de savants, je veux brûler Halle, détruire
„les Universités et n'avoir plus que des soldats et des
„ignorants," eine Erklärung, welche dem Generaldirektor der
Studien, Joh. v. Müller, das Herz brechen mußte.

Bindeweiß gehörenden Hause (demselben, welches jetzt
Eigenthum der Loge ist) für den geringen Preis von
35 ₰ Conv. Mze. jährlich auf vorläufig 20 Jahre
gemietet und für die Summe von 534 ₰ gehörig
ausgebaut.

Die Hercynia blühte, Dank hauptsächlich der Tüch-
tigkeit ihres Stuhlmeisters, so rasch empor, daß sie
Joh. 1810 bereits 52 aktive Mitglieder zählte; die
Versammlungen, welche regelmäßig am zweiten Dins-
tage eines jeden Monats gehalten wurden und schon
4 Uhr Nachmittags begannen, waren fast ohne Aus-
nahme zahlreich besucht und das Band herzlichen
Einvernehmens und aufrichtigen Wohlwollens um-
schlang sämmtliche Brr. — Die bis 1817 regelmäßig
jedes Jahr zu Johannis erlassenen Schreiben zeich-
nen sich durch einen einfachen, männlichen Ton aus
und halten sich fern von jener süßlichen, phrasenrei-
chen und doch nichtssagenden Ueberschwenglichkeit,
wie sie uns sonst wohl aus derartigen Schriftstücken
auf eine oft sehr unangenehme Weise entgegentritt.
In dem ersten Ausschreiben heißt es: „Wir haben es
„uns zur ernsten und heiligen Pflicht gemacht, un-
„sern Bund nur durch Aufnahme würdiger Glieder
„fester zu machen, damit durch unser vereintes Stre-
„ben und durch nie erkaltenden Eifer und Gemein-
„sinn — Wahrheit, Tugend und Menschenliebe unter
„uns immer einheimischer und die herrlichen Wirkun-
„gen unsers Brudervereins auch in den Verhältnissen
„des profanen Lebens immer sichtbarer werden mö-
„gen." Besonders merkwürdig ist das Schreiben von

2

1811, dem Jahre, in welchem der fremde Gewalt-
haber auf dem Gipfel seiner Macht stand; es heißt
darin, daß trotz so mancher niederschlagenden Erschei-
nung der Muth der Brr. aufrecht erhalten und die
Hoffnung nicht verloren gegangen sei, „es werde einst
„die Morgenröthe eines schönen Tages anbrechen."
Die Stunde der Befreiung von den drückenden Fesseln der Fremdherrschaft schlug früher, als man vielleicht zu hoffen gewagt; am 1. Okt. 1813 vertrieb
Tschernitschew den König Hieronymus, welcher zwar
nach dessen Abzuge nochmals zurückkehrte, doch nur
um am 26. desselben Monats Residenz und Land auf
immer zu verlassen. Nachdem am 29. Okt. die Loge
Hieronymus Napoleon zur Treue in Anbetracht, daß
die kriegerischen Zeitumstände den gehörigen Gang
der nur im Schoße des Friedens wohl gedeihenden
maurerischen Arbeiten verhinderten, gedeckt hatte,
folgte am 4. Dez. die Großloge ihrem Beispiele und
entließ sämmtliche Töchterlogen aus dem bisherigen
Verhältnisse. Im Rückblicke auf den eben verlebten
Zeitraum heißt es kurz nach der Schlacht bei Water-
loo, in welcher ein würdiges Mitglied der Hercynia,
der herzogl. braunschw. Major J. Th. von Strom-
beck, den ruhmvollen Tod fürs Vaterland starb:
„Gesichert ist abermals die deutsche Freimaurerei vor
„einer Frivolität, welche ihren ernsten Charakter zu
„zerstören drohte; gesichert vor herabwürdigendem
„Mißbrauch zur Ausführung egoistischer Zwecke eines
„fremden Herrschers; nicht mehr dürfen wir in unsern
„heiligen Hallen Auflaurer befürchten, die jedes Wort

„belauſchen, das etwa Schmerzgefühl über die un-
„würdigen Feſſeln von fern andeuten konnte, die
„dem nach Wahrheit forſchenden Geiſte geſchmiedet
„waren; vernichtet iſt der Plan, an deſſen Ausfüh-
„rung Liſt und Gewalt arbeitete, den Ritus unſrer
„K. K. nach ausländiſcher Form umzumodeln und
„am Ende uns einem fremden Oriente zu unterwer-
„fen. Ja, ſie wird herrlicher aufblühen, die Frei-
„maurerei, die beſcheidene Tröſterin der Armen und
„Leidenden, die milde Pflegerin großherzigen Sinnes
„die Schule echter Lebensweisheit, die Spenderin
„höheren Lichts!"

—✦❧✦—

2.
Die Hercynia als iſolirte Loge.
1814—18.

—❧—

Wenige Monate nach den oben erwähnten folgen-
ſchweren Ereigniſſen traf die Loge ein harter Verluſt,
indem ihr Gründer und bisheriger Meiſter v. St.
nach kurzem Krankenlager am 13. März 1814 zu
höherem Wirken abgerufen wurde. Alle hieſigen und
mehrere auswärtige Brr. übergaben im Trauerzuge
die Hülle des Unvergeßlichen dem Schoße der Erde;
bei der Gruft, welche ſeine Gebeine aufnahm, ſprach
der Redner der Loge die Empfindungen der Anwe-

2*

senden aus. Letzterer schilderte außerdem in einer
am 24. Mai veranstalteten Trauerloge auf eine ebenso
beredte und ergreifende als wahrheitsgetreue Weise,
wie der Verewigte durch einen streng sittlichen Wan-
del, durch unermüdliche Berufstreue, durch aufrich-
tiges Wohlwollen gegen Jedermann, durch seltene
Liebenswürdigkeit im geselligen Verkehre sich die all-
gemeinste Achtung und Zuneigung erworben, wie er
seinen rastlosen Eifer für Beförderung alles Guten
und Gemeinnützigen überall und namentlich durch
kräftiges Mitwirken zur Errichtung der hiesigen Ar-
menanstalt an den Tag gelegt und wie er ganz besonders seine Ehre und Freude darin gefunden hatte,
die ihm anvertraute Loge zu immer größerer Blüthe
zu erheben. Für dieses sein redliches Streben war
ihm die Genugthuung zu Theil geworden, während
seines Aufenthalts in Goslar nicht weniger als 66
neue Mitglieder dem Bunde zuzuführen.

Vierzehn Tage vor der eben erwähnten Trauerloge fand eine Zusammenkunft der Brr. statt, um
die Wahl eines neuen Stuhlmeisters vorzunehmen.
Dieselbe fiel fast einstimmig auf den bisherigen deput.
Mstr. v. St., Br. Giesecke, welcher jedoch erklärte,
daß ihm zugedachte Amt aus Gesundheitsrücksichten
und wegen Ueberhäufung mit profanen Geschäften
nicht übernehmen zu können. Da er trotz der drin-
gendsten Bitten bei seinem Vorsatze beharrte und die
Brr. die von ihm vorgebrachten Gründe als triftig
anerkennen mußten, berief man den ersten Redner,
Br. Chr. E. Gehrich, auf den verwaisten Platz,

der von einem Würdigeren und Befähigteren schwer-
lich hätte eingenommen werden können. Ihm lag
zuvörderst das zeitraubende Geschäft ob, eine Angelegenheit zum Abschlusse zu bringen, welche den verewigten Br. Dieterichs noch in den letzten Wochen
seines Lebens beschäftigt hatte und von deren end-
gültiger Entscheidung sehr viel abhängen mußte.

Da die Stadt Goslar, obgleich nach dem Auf-
hören der westfälischen Herrschaft vorläufig wieder von
Preußen in Besitz genommen, doch die meiste Aus-
sicht hatte, auf dem Wiener Kongresse unserm jetzigen
engeren Vaterlande einverleibt zu werden, so schien
es das Natürlichste zu sein, wenn man sich in Beziehung auf unsere Bauhütte an die Große Loge
Friedrich in Hannover wendete und diese um Affiliation ersuchte. Letzteres war bereits am 8. Jan.
1814 geschehen; allein durch das bald darauf erfolgte
Ableben des Mſtrs. v. St. zogen sich die Verhandlungen dergestalt in die Länge, daß erst am 29. Febr.
1816 die letzte, vom Br. von Hedemann als
deput. Großmeister unterzeichnete Entscheidung erfolgte. In dem betreffenden Schreiben drückt die
genannte Großloge ihre besondere Freude darüber
aus, daß unsre Hercynia, die „seit ihrer ersten Ent-
„stehung durch Regelmäßigkeit, Ordnung und echt
„maurerischen Geist sich rühmlichst ausgezeichnet", den
Beschluß gefaßt hatte, sich mit ihr enger zu verbin-
den. Bei dem Antrage, nach dem Systeme der Gr.
Landesloge von Deutschland fortarbeiten zu dürfen,
fand man nichts zu erinnern; als durchaus unstatt-

haft jedoch bezeichnete man es, neben den drei Johannisgraden noch höhere zu bearbeiten, indem man
sich durch einen im J. 1801 mit der Gr. Loge
Royal York zur Freundschaft und der Großloge in
Hamburg abgeschlossenen Vertrag dahin geeinigt hatte,
die s. g. blauen Grade als die allein echten und im
Wesen der Maurerei begründeten anzuerkennen und
in den Töchterlogen zu dulden. Hieran scheiterten
alle weiteren Unterhandlungen. Zugleich mit der
Hercynia war nämlich eine altschottische Loge, Her-
mann zu den neun Sternen, ins Leben getreten und eine ziemlich bedeutende Anzahl von Brrn. —
vielleicht zwei Drittheile der gesammten Meisterschaft — gehörte derselben an. Diese aber konnten
sich nicht entschließen, die Arbeiten in den höheren
Graden einzustellen und aus diesem Grunde verharrte
unsre Loge vorläufig noch in ihrer isolirten Stellung,
wobei sie gleichwohl von sämmtlichen mit ihr in
Verbindung stehenden Schwesterlogen als eine gerechte und vollkommene anerkannt wurde. Bald
jedoch zeigten sich die Nachtheile eines solchen Zu-
standes, welche, je kleiner eine Bauhütte ist, desto
eher und unverkennbarer hervortreten müssen; eine
gewisse Lauheit begann selbst unter den Beamten
einzureißen und es entstanden Unordnungen, welche
das Bestehen der Loge gefährdeten und die bei ge-
höriger wachsamer Oberaufsicht einer Großloge nicht
möglich gewesen wären. Es verdient die vollste Anerkennung, mit welcher Energie der Mstr. v. St. die-
sen Unzuträglichkeiten zu steuern und neuen Eifer zu

wecken suchte, wie er den Pflichtvergessenen das Gewissen zu schärfen, die Trägen und Gleichgültigen
anzuregen nnd Allen in Erinnerung zu bringen wußte,
was sie bei ihrer Aufnahme in den Bund feierlich
angelobt hatten. Auch darf nicht unerwähnt bleiben, mit welchem Eifer zwei noch lebende Brr., H.
Lattmann und Heyne I, den Mstr. v. St. in
seinen Bemühungen unterstützten und wie sie keine
Mühwaltung scheuten, um die Loge vor einem trau-
rigen Verfalle zu schützen. Die Meisterschaft mußte
daher mit Ernst darauf bedacht sein, dem bisherigen
Zustande dadurch ein Ziel zu setzen, daß man der
isolirten Stellung entsagte und einer Mutterloge sich
affiliiren ließ. Da die Verhandlungen mit der vaterländischen Großloge zu keinem Resultate geführt hatten, so war man genöthigt, sich auswärts nach einer
solchen umzusehen, die geneigt war, unter der ange-
gebenen Bedingung den Wunsch der Brr. zu erfüllen.

3.
Die Hercynia unter der Großen National-Mutter-
loge zu den drei Weltkugeln in Berlin.
1819—56.

Durch Vortrefflichkeit des Systems wie durch musterhafte Pünktlichkeit im Geschäftsgange schien keine
Großloge geeigneter, die entstandene Lücke mehr denn

vollständig auszufüllen, als die in der Ueberschrift
genannte, deren Grundsatz von jeher gewesen ist,
einerseits das historisch Begründete, durch die Zeit
Geheiligte und durch Gewohnheit den Brrn. theuer
Gewordene sorgfältig zu bewahren, andrerseits aber
auch keine Abänderung zu scheuen, welche einem wahr-
haften geistigen Bedürfnisse der vorgerückten Zeit
entspricht. An sie wandte man sich daher, um in die
damals schon bedeutende Zahl ihrer Töchterlogen aufgenommen zu werden. Der damalige Großmeister,
Br. von Guionneau, antwortete mit der freund-
lichsten Zuvorkommenheit im Namen des altschottischen
Direktoriums und bald war alles auf eine beide
Theile zufrieden stellende Weise in Ordnung gebracht.
Nach Ausfertigung der Konstitutionsakte vom 24.
Dez. 1818, worin sämmtliche Mitglieder der Hercynia
ihrer neuen Mutter Treue und Gehorsam verspra-
chen und sich verbindlich machten, nach den ihnen
ertheilten Ritualien fleißig zu arbeiten, auch eine
jährliche Rekognitionsgebühr von 10 ₰ Gold zu zah-
len, erfolgte die Affiliationsurkunde, ausgestellt von
Seiten des Bundesdirektoriums am 24. Jan. 1819.
Unsre Bauhütte zählte damals bereits 102 Mitglieder, unter ihnen 7 Ehrenmitglieder und 3 dienende
Brr. Zu ihrem Repräsentanten bei der Mutterloge
wählte sie den Br. K. W. Behrend, Geh. Sekretär
im Kriegsministerium, welcher bis zu seinem im Febr.
1839 erfolgten Tode die übernommenen Pflichten mit
gewissenhaftester Genauigkeit erfüllte und an dem
noch lebenden Br. G. F. L. Kühn, Geh. Oberberg-

rathe, einen würdigen Nachfolger fand. — In den aus jener Zeit stammenden Johannisschreiben wird wiederholt darüber geklagt, daß die Maurerei so häufig zu einem Aushängeschilde der unverschämtesten Bettelei gemißbraucht werde, daß unwürdige Brr. durch Vorzeigung verjährter oder gar gefälschter Certifikate die Loge und deren Mitglieder brandschatzten und daß sogar Frauenzimmer als vorgebliche Witwen oder Töchter verstorbener Maurer das Mitleid der Brr. zu wecken suchten. Es wird dringend zur Vorsicht und zu strenger Prüfung gemahnt und vor zu weit getriebener Mildthätigkeit, die oft geradezu verderblich wirke, indem sie dem Müßiggange und der Landstreicherei Vorschub leiste, ernstlich gewarnt.

Je deutlicher die Brr. erkannten, welchen Dank sie dem Br. Gehrich I. für sein treues und erfolgreiches Wirken schuldeten, um so aufrichtiger war ihr Bedauern, als derselbe sich wegen seines höheren Alters und der damit verbundenen Gebrechen veranlaßt sah, Johannis 1824 den ersten Hammer niederzulegen. Kurz vorher hatte er noch eine Rede gehalten, in welcher er das verschiedene Leben in der Loge ebenso einfach als treffend schildert. Er spricht hier von Solchen, die nur äußerlich dem Orden angehören, die an der Schale kleben bleiben und keine Ahnung von dem tieferen Gehalte der Maurerei besitzen, so wie von Solchen, die wirklich in ihr leben und es nicht für einen Verlust, sondern vielmehr für einen Gewinn halten, einen Theil ihrer Zeit und Kraft dem schönen Vereine zu widmen. Mit dem

Wunsche, daß recht viele Männer der letzteren Art
der Hercynia angehören und ihre Zierde ausmachen
möchten, nimmt er Abschied von seiner geliebten Bauhütte, deren Flor er nach Kräften gefördert hatte und
deren Mitglieder ihn in Anerkennung seiner großen
Verdienste zu ihrem Altmeister ernannten.

An seine Stelle trat der deput. Mstr. v. St., Br.
H. Chr. Gelpke, der, obwohl mit seltener Her-
zensgüte ausgestattet, doch ungleich weniger als sein
Vorgänger im Stande war, ein so schwieriges und
verantwortungsreiches Amt mit rechtem Geschick zu
verwalten. Gleich die erste Zeit seiner Hammerführung war eine für die Freimaurerei im Ganzen
trübe und verhängnißvolle, und wennschon die damals auftauchende Besorgniß, daß am Ende auch an
die Bauhütten unsers Vaterlandes das Interdikt er-
gehen möchte, wie es in Kurhessen der Fall war, sich
als unbegründet und voreilig herausstellte, so äußer-
ten doch die ungünstigen Verhältnisse ihre Rückwir-
kung auf die Hercynia in sofern, als nur wenige
Aspiranten sich zur Aufnahme meldeten und die Theilnahme an den Arbeiten keine besonders lebendige
war. — Einen herben Verlust erlitt unsre Loge über-
dies durch das Ableben des Brs. Giesecke, dessen
hohe und einflußreiche Stellung im bürgerlichen Leben
nicht wenig dazu beigetragen hatte, der Loge in den
Augen der Außenwelt einen gewissen Glanz zu geben.
Mochte sein sittlicher Charakter auch nicht ganz ohne
Flecken sein und namentlich eine allzu große Anhänglichkeit an die irdischen Güter ihn zu Schritten ver-

leiten, die man vom maurerischen Standpunkte aus
nicht durchweg billigen kann, so steht doch fest, daß
er als Justiz- und Verwaltungsbeamter eine ebenso
rastlose als ersprießliche Thätigkeit entwickelt und namentlich durch Ausarbeitung und Einführung einer
mustergültigen Hypothekenordnung sich um seine Vaterstadt unsterblich verdient gemacht hat, wozu noch
kam, daß er Jeden, der mit ihm in Berührung trat,
auf die humanste, artigste Weise behandelte.

In einem Ausschreiben vom J. 1826 werden be-
herzigenswerthe Grundsätze aufgestellt, nach welchen
die Würdigkeit eines Suchenden zu beurtheilen ist.
Zuvörderst müsse derselbe ein unverdorbenes Herz
besitzen, aller der Gefühle fähig sein, die den Menschen adeln, und Lust bezeigen, sie in sich zu pflegen.
Ferner müsse er einen gesunden Verstand haben, damit er nicht bei dem stehen bleibe, was er in der
Loge vernehme, sondern dessen Sinn erforsche und
echte Weisheit lerne. Endlich verlange man von ihm,
daß er in solchen Vermögensverhältnissen lebe, um
ohne unvorhergesehene und unverschuldete Unfälle
nicht nöthig zu haben, in der Folge einmal die Mildthätigkeit der Brr. anzusprechen. — Ein anderes
Schreiben drückt die Zuversicht aus, es werde eine
Zeit kommen, wo Licht über Finsterniß, Tugend über
Bosheit und Laster triumphiren, wo die Maurerei
nach ihrem Werthe erkannt, nach ihrer Würde ge-
ehrt und fast allgemein geübt werde. An uns sei
es, unwandelbar an dem fest zu halten, was die K.
K. lehre, und den Pflichten zu genügen, die sie uns

auferlege. Wohl könne es Gründe geben, nach denen
Jemand aller äußeren Verbindung mit dem Orden
entsage; sobald er aber aufhöre ein Maurer zu sein,
sinke in ihm dasjenige, was ihn zum Menschen
mache.

Als ein solcher echter Maurer in Wort und That
bewährte sich Br. G e l p k e bis an seinen Tod, wel=
cher am 25. Jan. 1829 erfolgte. War er auch nicht
durch hervorstechende Eigenschaften des Geistes aus=
gezeichnet und erlebte die Hercynia unter ihm auch
nichts, was sie nach innen oder nach außen besonders
gefördert hätte, so hatte doch die unverkennbar red=
liche Gesinnung des Verewigten wohlthätig auf die
Brr. eingewirkt und ihm die Herzen derselben zuge=
wandt. Die Trauerloge für ihn wurde wenige Mo=
nate später mit der für den zu höherem Lichte ein=
gegangenen National Großmeister, Br. v o n G u i o n=
n e a u [1]), zusammengefeiert. Am nächsten lag es,
den dep. Mstr., Br. A. H i n d e r s i n, in seine Stelle
einrücken zu lassen; allein dieser erklärte entschieden,
das Amt eines wirklichen Mstrs. v. St. auf keine
Weise annehmen zu können, weil er als Prediger den
Vorurtheilen, welche ein Theil seiner Gemeinde gegen
den Bund hegte und die sich zu verschiedenen Malen
in Drohbriefen Luft machten, nachgeben zu müssen
glaubte [2]) Man sah sich daher genöthigt, eine neue

---

[1]) Vgl. über ihn F i n d e l, Gesch. der Freimaurerei
(Leipz. 1862) Bd. II. S. 222.

[2]) Der letzte Drohbrief, welchen H. eines Abends bei sei=
ner Heimkehr auf den Drücker der Hausthür gelegt fand, lau=

Wahl vorzunehmen, welche einstimmig auf den ersten
Vorsteher, Br. J. G. A. Niese, fiel, einen sehr
ehrenwerthen, wegen seiner opferwilligen Menschen=
freundlichkeit allgemein geachteten Mann, dem jedoch
auch die Gabe fehlte, eine Bauhütte mit der erfor=
derlichen Umsicht zu leiten und die Brr. für die er=
habenen Zwecke des Bundes kräftig anzuregen. Ihm
zur Seite stand als dep. Mstr. Br. Fr. Gehrich,
der als Redner durch sein Wirken an der Säule der
Weisheit bereits zur Genüge dargethan hatte, welche
tiefen und richtigen Einsichten in das Wesen der
Maurerei er besaß und mit welcher seltenen Hin=
gebung er derselben anhing. Durch seine ansprechen=
den Vorträge hatte er hauptsächlich dazu beigetragen,
daß man die K. K. aus dem rechten Gesichtspunkte
auffassen lernte und daß die Herzen dauernd für sie
erwärmt wurden. Unter den aus jener Zeit herrüh=
renden Zeichnungen des genannten Brs. erwähne

---

tete: „Herr Pastor, es scheint nicht, als ob Sie Ihre Ge=
„meinde noch lieb haben und es Ihnen ein Ernst ist, ein wah=
„rer Seelenhirte zu sein; sonst wären Sie schon lange aus
„der Loge weggeblieben und hätten auf die Warnungen gehört,
„die schon mehrmals zu Ihren Ohren gekommen sind. Blei=
„ben Sie weg, sonst — Dies ist die letzte Warnung." Als
die Erklärung des Brs. H. der Mutterloge mitgetheilt wurde,
machte diese ihn darauf aufmerksam, daß doch in ihr selbst die
größesten Theologen ohne Beschwerung ihres Gewissens wichtige
Aemter bekleidet hätten und daß es dem Manne und vor allem
dem Maurer zieme, den unbegründeten Vorurtheilen des
großen Haufens muthig die Stirn zu bieten.

ich als besonders gelungen die am Installationsfeste
1827 den Brrn. vorgelegte, welche nachweist, daß die
Maurerei auf keinem andern Grunde sicher ruhen
könne, als auf den drei Pfeilern der W., Sch., St.
und daß wir durch diese heilige Dreiheit allein zu
menschlicher Vollkommenheit zu gelangen vermögen.
In einer späteren Rede, welche gleich der eben erwähnten durch den Druck veröffentlicht wurde[1]), be-
antwortete er die oft aufgeworfene Frage, ob die
Freimaurerei veraltet sei oder veralten könne, dahin,
daß dies ihrem Wesen nach nicht denkbar sei, weder
in Bezug auf den Stoff, da sie die höchsten, ewigen
Güter des Menschen, Weisheit, Schönheit, Tugend,
pflege und immer mehr ins Leben einzuführen trachte,
noch in Bezug auf die Form und äußere Gestaltung,
indem diese sich dem Inhalte nicht als etwas zufäl-
liges, sondern als etwas bedeutungsvolles aufs engste
anschließe und um so beziehungsreicher erscheine, je
anhaltender das Nachdenken sich damit beschäftige.
Ein menschliches d. h. unvollkommenes Institut bleibe
die Maurerei allerdings immer, aber sie leiste nichts-
destoweniger alles, was von Menschen billiger Weise
erwartet werden könne.

Obgleich Br. Niese an dem dep. Mstr. einen
tüchtigen und zu jeder Arbeit gern bereiten Gehülfen
besaß, so erkannte er doch je länger je mehr, daß es
für das Wohl der Loge nur vortheilhaft sein könne,

---

[1]) S. Kloß, Bibliographie der Freimaurerei (Frankf. a. M.
1814) Nr. 1237 und 1245.

wenn die Leitung derselben in jüngere Hände über=
ginge, und so ersuchte er, fern von jenem falschen
Ehrgeize, der seine Quelle gewöhnlich in dem Man=
gel an Selbstkenntniß hat, bereits nach Verlauf von
zwei Jahren die Brr., ihn von seinem Posten zurück=
treten zu lassen. Dies geschah, indem man ihn zum
Alt= und Ehrenmeister machte. Das allgemeine Ver=
trauen der Brr. berief nun (Joh. 1831) an die Spitze
der Loge den Br. Fr. Gehrich, welcher auch die
auf ihn gefallene Wahl mit der Bitte annahm, daß
die bisherigen Beamten auch ferner ihre Stellen be=
halten möchten. Die Erbschaft, welche er von seinen
beiden Vorgängern antrat, war in der That keine
ermuthigende; man war so weit zurückgekommen,
daß von verschiedenen Seiten die Frage aufgeworfen
wurde, ob es nicht am gerathensten sein dürfte, den
Tempel zu schließen und die Arbeiten bis zur Wie=
derkehr günstigerer Zeiten einzustellen. Eine ziemliche
Menge der zur Hercynia gehörenden Brr., deren Zahl
auf 87 gesunken war, erklärte sich für diese Ansicht,
wogegen die übrigen sich um so enger an einander
schlossen und gelobten, so viel an ihnen sei, die Ehre
der Loge zu retten und durch treues Zusammenwir=
ken einen besseren Zustand anbahnen zu helfen. Es
gelang, neue rüstige Kräfte zu gewinnen, und bereits
nach wenigen Jahren durfte ohne ruhmrednerische
Uebertreibung behauptet werden, „das Band unsrer
„Loge umschließe einen Reichthum an Fähigkeiten,
„Eifer, Thätigkeit und maurerischem Leben, wie er
„an kleineren Orten selten gefunden werden möchte.“

Eine der ersten und zweckmäßigsten Einrichtungen, zu der Br. Gehrich den Anstoß gab und die später-hin bei vielen Logen Nachahmung fand, gehört die noch jetzt gültige Bestimmung, daß, um dem Miß-brauche mit alten und verjährten Certifikaten ein Ziel zu setzen, ein solches auf drei Jahre Gültig-keit habe und nach diesem Zeitraume vom Br. Se-kretär verlängert werden müsse, wofern es den An-spruch auf den Besuch einer Loge oder auf Unter-stützung begründen solle.

Während der ersten Jahre seiner Hammerführung genoß Br. Gehrich das Glück, sich des erfahrenen und einsichtsvollen Raths seines würdigen Vaters bedienen zu können, welcher nach wie vor der Loge die regste Theilnahme schenkte und sich ihres Auf-schwungs freute, bis er am 30. April 1833 im 79. Lebensjahre zu den Sphären des höheren Lichts hin-überging. Länger als ein halbes Jahrhundert hatte er das schwierige, aufreibende Amt eines Schuldiri-genten mit musterhafter Treue und ausgezeichnetem Erfolge verwaltet, in den früheren Jahren als Ver-sorger einer zahlreichen Familie mit bitteren Nah-rungssorgen zu kämpfen gehabt und trotzdem jene hingebende Berufsfreudigkeit und geistige Frische be-wahrt, welche zu dem gedeihlichen Wirken eines Schulmanns so unerläßlich ist. Auf dem einfa-chen Kreuze, welches seine Ruhestätte bezeichnet, stehen die Worte: „Leben heißt wirken; wohl dir, „du hast gelebt", ein Ausspruch, der selten in treffenderer Weise seine Anwendung gefunden haben mag.[1]) Der Sohn erkannte es bald als seine schönste Aufgabe, in die Fußtapfen des Vaters zu treten und gleich letzterem die ihm anvertraute Bauhütte auf der rechten Bahn weiter zu lenken. Durch rüstige That= kraft wie durch sittlichen Ernst und streng moralischen Lebenswandel wirkte er immer wohlthätiger auf das Ganze ein, so daß der dem Absterben nahe gewesene Stamm in kurzem neue Blätter und Blüthen trieb, von welchen letzteren allerdings manche, wie es über= all zu geschehen pflegt, rasch wieder welkten und ab= fielen, gar manche aber auch die rechte Frucht an= setzten. Als die Hercynia am 18. Nov. 1834 das Fest ihres 25jährigen Bestehens feierte, durchdrang alle Anwesenden das erhebende Bewußtsein, daß der Segen des Höchsten sichtbar auf ihr geruht und sie sich das ehrenvolle Zeugniß geben dürfe, redlich ge= strebt zu haben, um nach des Apostels Ausspruche „eine Gemeinde zu werden, die unsträflich sei und „keinerlei Flecken noch Runzeln habe." In dem be= treffenden Ausschreiben heißt es: „Die Loge hat ihre „Kindheit, ihre Jugend, durchlebt; sie tritt in das „reifere Alter, wo man schönere Früchte von ihr er= „warten darf. Es öffnet sich uns eine Zukunft voll „Verantwortlichkeit, eine Zeit, in der viel gethan und „viel geopfert werden muß: dann aber auch eine

---

[1]) Als er am 2. Nov. 1830 seinen 76. Geburtstag und zugleich sein 50jähriges Dienstjubiläum feierte, wurde ihm von Seiten der Loge ein sinniges Gedicht überreicht. Letzteres ge= schah auch, da ein Jahr früher ein andrer würdiger Br., der Forstrath Bartling ck in Hahausen, dasselbe Fest beging.

„ſchöne Zukunft. — Nur guten Willen und Beharr-
„lichkeit, und das Werk muß gelingen! Dann muß
„eine Zeit kommen, wo wir ſprechen dürfen: Her-
„cynia, du warſt klein und biſt groß geworden; du
„entſtandeſt in Schwachheit und biſt aufgeblüht in
„Stärke; du warſt ein Schüler in Weisheit und Tu-
„gend und biſt ein Meiſter geworden!"
    In Beziehung auf die äußeren Verhältniſſe ver-
dient vor allem Erwähnung, daß das Haus, worin
bislang die Verſammlungen gehalten waren und auf
welches früher ein Kapital von 1000 ₰ in Golde
der Beſitzerin dargeliehen war, käuflich erworben wurde.
Die Meiſterſchaft beſchloß, auf das genannte Grund-
ſtück und den dahinter befindlichen großen Garten
bis zu 3500 ₰ bieten zu laſſen und man war wider
Erwarten ſo glücklich, Haus und Garten für 3200 ₰
Gold am 13. Nov. 1834 zu erſtehen. So genießen
wir das Glück, deſſen ſich wenige kleinere Bauhütten
rühmen können, in unſerm Eigenthum zu arbeiten
und nicht der Gefahr ausgeſetzt zu ſein, durch Kün-
digung eines Mietvertrags die uns lieb gewordenen
Räume verlaſſen zu müſſen. Freilich war die Logen-
kaſſe einer ſo bedeutenden Ausgabe lange nicht ge-
wachſen, zumal ſich ſehr bald die Nothwendigkeit be-
deutender Reparaturen und Veränderungen heraus-
ſtellte; allein dieſer finanziellen Verlegenheit wurde
durch echte Brr., namentlich durch unſern gegenwär-
tigen Ehrenmeiſter, Br. H. Lattmann, bereitwillig
abgeholfen und jetzt haben wir die Genugthuung,
in einem faſt ſchuldenfreien Eigenthume unſre Ver-

sammlungen halten zu können. Späterhin wurden
noch manche erhebliche Verbesserungen in den Bau-
lichkeiten getroffen, ein eignes Zimmer für die Mei-
sterlogen eingerichtet, zwei neue Treppen angelegt,
die alten schadhaft gewordenen Fenster durch andere
ersetzt, ein Vorzimmer vergrößert und alles so bequem
und geschmackvoll hergestellt, daß das Ganze einen
wohlthuenden Eindruck gewährt und Jeder, der keine
übertriebenen Ansprüche macht, in solchen Räumen
sich behaglich fühlen muß.

Die ebenso geräuschlose als ersprießliche Thätigkeit
des Brs. Gehrich wurde wenige Jahre später durch
eine Angelegenheit in Anspruch genommen, von deren
Ausgange gar vieles abhängen mußte. Seit dem
1. Nov. 1828 bestand nämlich eine eigne Großloge
des Königreichs Hannover, an deren Spitze der Her-
zog von Cumberland, nachmaliger König Ernst
August I., getreten war.[1] Von ihr erging unterm
4. März 1837 ein Schreiben an unsre Loge, worin
sie äußerte, wie erfreulich es für sie sein würde, wenn
es ihr gelänge, aus allen Orienten des engeren Va-
terlands ein fest verbundenes Ganzes zu bilden. Man
verkannte dabei nicht, daß gewichtige Gründe obwal-
ten könnten, das bisherige Verhältniß fortbestehen zu
lassen und war weit davon entfernt, die maurerische
Freiheit irgend beschränken zu wollen, da ja das
Streben des Maurers nach Wahrheit, Wohlthun,

---

[1] Vgl. hierüber Keller, Geschichte der Freimaurerei in
Deutschland (Gießen 1859) S. 233 ff.

3*

Bruderliebe auch unter verschiedenen Systemen das nämliche bleibe. Je humaner und wohlwollender der Ton war, welcher sich in diesem Antrage aussprach, um so schwieriger mußte es sein, eine Entscheidung zu treffen und durch dieselbe weder auf der einen noch auf der andern Seite anzustoßen. Diese Verlegenheit wuchs noch um ein beträchtliches, als inzwischen der ehrwürdigste Großmeister den Thron als selbstständiger Fürst bestiegen hatte und man sich nicht verhehlen konnte, daß es ihm als rechtmäßigem Landesherrn zustehe, seinen Wunsch in Form eines bestimmten Befehls zu wiederholen und daß es leicht als eine Verletzung der hohen Pflicht eines Freimaurers, dem Oberhaupte des Staats Gehorsam zu leisten, angesehen werden könnte, wenn man zögerte, jenem Verlangen entgegen zu kommen. In Uebereinstimmung mit der Loge zum stillen Tempel in Hildesheim, deren Mstr. v. St., Br. Grebe I., sich in ähnlicher Lage befand, setzte Br. Gehrich mit taktvoller Würde und Freimüthigkeit auseinander, daß man von der Zweckmäßigkeit, ja Unentbehrlichkeit der höheren Grade, für die man im s. g. Engbunde keinen vollen Ersatz zu erblicken vermochte, zu fest überzeugt wäre, als daß man sich dazu verstehen könnte, sie aufzugeben. Hiernach erklärte die Großloge von Hannover am 14. Okt. 1839, daß sie zwar nicht abgeneigt sei, den ihr beitretenden Bauhütten in den Johannisgraden ihr bislang benutztes Ritual zu belassen, daß sie jedoch nach wie vor nicht im Stande sei, die Schottengrade als rechtmäßige anzuerkennen

und in ihren Töchterlogen zu dulden. Dieser letztere
Punkt bildete denn wie früher so auch jetzt die Klippe,
an welcher alle weiteren Unterhandlungen scheiterten
und somit faßte die Meisterschaft den Beschluß, das
bereits an 20 Jahre bestehende Verhältniß zu der
bisherigen Mutterloge auch ferner aufrecht zu erhalten.

Unter den aus jener Zeit stammenden Rundschrei-
ben erwähne ich als besonders inhaltreich das vom
J. 1839 über die Frage, was und wie die Maurerei
zu wirken habe. Drei Hauptgebrechen seien es vor-
nehmlich, welche das edlere Leben der Menschheit
untergraben, die Hintansetzung der alten Sitte und
Ehrbarkeit, das Haschen Vieler nach dem bloß Geist-
reichen und die ausschließliche Verehrung der mate-
riellen Vortheile von Seiten der Meisten. Die Maurerei nun, als die durch die Brüderlichkeit der Vereinigten mächtige Kunst des edleren Menschenlebens,
verfolge die hohe Aufgabe, jenen verkehrten Richtun-
gen das Gegengewicht zu halten und durch Pflege
der echten Weisheit und Sittlichkeit zur Heilung jener
Uebel beizutragen. — Eine andere Johannisschrift
weist auf die immer sichtbarer hervortretende Verrin-
gerung der Ehrfurcht der Kinder vor ihren Eltern
hin und macht darauf aufmerksam, wie die gesammte
Jugend dahin neige, Bescheidenheit und Folgsamkeit
gleich einem unbequemen Kleide abzuwerfen und durch
anmaßungsvollen Dünkel, durch unersättliche Zerstreu-
ungssucht, ja durch frechen Ungehorsam gegen Eltern
und Erzieher sich hervorzuthun. Es wird dann be-

merkt, daß hierdurch der Grundbau des festen Glücks in Familie und Staat untergraben wird, und an die Nothwendigkeit einer strengen häuslichen Zucht erinnert, welche allein im Stande sei, den drohenden Verfall der Sitte und bürgerlichen Ordnung abzuwenden, indem allein die Heiligung der Familienbande durch Sittlichkeit die Völker und die Einzelnen dauernd glücklich mache, während der kecke Trotz der Jugend gegen die Eltern von Revolution zu Revolution fortreißen müsse.

Im Jahre 1838 hatte eine ungewöhnliche Festlichkeit die Brr. zu regerer Theilnahme veranlaßt, die Wiederkehr des Tages (14. Aug.), an welchem Friedrich der Große vor 100 Jahren zu Braunschweig in den Freimaurerbund aufgenommen war. Br. Gehrich hielt bei dieser Gelegenheit einen Vortrag über den Einfluß, welchen der Beitritt Friedrich's auf die Entwicklung und Stellung der Maurerei im Allgemeinen geübt, wie er das Senfkorn gesäet, aus dem später drei weitverzweigte Bäume emporgewachsen sind und wie der Grundsatz der Duldung, welchen unser Bund verfolge, auch derjenige des Königs gewesen sei. In genauer Beziehung hierzu stand eine zwei Jahre spätere Feier, die des 100jährigen Bestehens der Großen National-Mutterloge zu den drei Weltkugeln, welche am 13. Sept. 1840 unter allgemeinster Theilnahme namentlich der betreffenden Töchterlogen mit besonderem Glanze begangen ward. Die Glückwünsche der hiesigen Brr. überbrachte Br. Gehrich; er kehrte aufs höchste befriedigt von allem, was er bei jener Gelegenheit gesehen und gehört, hierher zurück.

Das folgende Jahr war insofern epochemachend für das Leben der Loge, als derselben kurz nach einander zwei Brr. beitraten, deren spätere Wirksamkeit eine tief eingreifende wurde, die Brr. Agthe und Mejer, jener affiliirt aus der Loge in Nienburg am 9. März, dieser aus der zu Göttingen am 4. Mai. — Schon als Ehrenmitglied der Hercynia war Br. Mejer öfters hier erschienen, um sich an den Arbeiten nicht bloß passiv, sondern auch aktiv durch Haltung gediegener Vorträge zu betheiligen.[1]) Als er späterhin seinen Wohnsitz von Klausthal nach Goslar verlegte, übernahm er das beschwerliche und zeitraubende Amt eines Sekretärs und Archivars und entwickelte in demselben eine so rastlose Thätigkeit, daß er sich das ehrenvollste Gedächtniß für immer gestiftet hat. Neben ihm wirkte nicht minder segensreich für die Loge Br. Agthe, welcher als Redner seit 1845 durch seine geist- und gemüthvollen Vorträge, welche gleich denen des Brs. Mejer zum Theil durch die Asträa weiteren Kreisen zugänglich gemacht sind, allezeit reichen Beifall erntete.

---

[1]) Auch verfaßte er im J. 1839 eine ausführliche und viel beherzigenswerthes enthaltende Denkschrift, die Umbildung der Statuten des Freimaurerordens nach dem Systeme der Gr. National-Mutterloge betreffend, ebenso wie 18 Jahre später zur Feier des 27. Mai eine ähnliche Schrift, welche unser allerdurchlauchtigster Großmeister aufs huldvollste entgegen zu nehmen geruhte.

Es zeigte sich bald, welcher Eifer für die Förde-
rung maurischer Interessen den Br. Mejer beseelte.
Im Nov. 1842 machte er den Vorschlag „zum Fort-
„schritte der Maurerei im Allgemeinen, zum Erwerb
„frischer Ansichten und Aussichten, zur Abwehr ein-
„seitiger Abgeschlossenheit und des Versinkens ins
„Nichtige und Werthlose" einen Verein zwischen den
benachbarten Bauhütten zu B r a u n s c h w e i g, G o s -
l a r, H a l b e r s t a d t, H e l m s t e d t und H i l d e s h e i m
(Pforte zum Tempel des Lichts) ins Dasein zu rufen.
Bei Gelegenheit der Säkularfeier der Loge Karl zur
gekrönten Säule in Braunschweig sagten die genannten Bauhütten ihre Theilnahme zu und so wurde am
25. Sept. 1844 die erste V e r e i n s l o g e zur vollsten
Befriedigung aller Anwesenden, deren Zahl über 100
betrug, im hiesigen Or. gehalten.[1]) Am 20. und
21. Mai des folgenden Jahrs versammelte man sich
in Helmstedt, 1846 trat Celle bei, jedoch der Lokal-
verhältnisse wegen nebst Halberstadt später zurück,
welche Lücke durch den Anschluß der 1847 gegrün-
deten Loge zu Wolfenbüttel ausgefüllt wurde.
Die Reihenfolge, nach welcher die Zusammenkünfte
in den verschiedenen Städten gegenwärtig statt finden, ist diese: 1) Goslar, 2) Wolfenbüttel, 3) Helmstedt, 4) Braunschweig, 5) Hildesheim. Wenngleich

---

[1]) Vgl. den Bericht des Brs. Mejer in der F r e i m a u -
r e r - Zeitung Jahrg. 1847 Nr. 24, wie auch das H a n d -
b u c h d e r F r e i m a u r e r e i (Leipz. 1862) S. 182, wo
jedoch Helmstedt vergessen ist.

in der Folge dadurch, daß Meisterkonferenz, Lehr-
lings- und Tafelloge auf denselben Tag verlegt wurden, ein gewisses Drängen und Treiben in das
Ganze gekommen ist, welches der Gründlichkeit der
Verhandlungen Abbruch thut und bei Vielen eher
Erschlaffung und Uebersättigung, als wohlthuende
Anregung erzeugt, so ist doch nicht zu verkennen,
daß der Austausch von Beobachtungen und Erfah-
rungen den Gesichtskreis erweitern und das Bruder-
band nicht bloß an Ausdehnung, sondern auch an
Festigkeit gewinnen muß. Die Betheiligung war eine
andauernd rege, wie denn bei der 1858 hier abge-
haltenen Vereinsloge 125 Brr. — darunter allein
aus Braunschweig 28 — erschienen waren. Der von
uns gemachte Vorschlag, zur ursprünglichen Weise
zurückzukehren und für den einen Tag die Besprechung
der Mstr., für den folgenden die Lehrlingsloge fest-
zusetzen, wurde 1859 in Wolfenbüttel verworfen und
beschlossen, daß auch in Zukunft die Vereinsfestloge
an Einem Tage und zwar stets am dritten Pfingst-
tage statt finden soll. Um mit der Zeit nicht allzu
sehr ins Gedränge zu gerathen, traf man 1860 in
Helmstedt die Bestimmung, daß fernerhin nur dann
besondere Konferenzen gehalten werden sollen, wenn
zuvor Anträge deshalb gestellt sind.

Wenige Monate vor der ersten Vereinsloge wurde
der Hercynia das Glück zu Theil, den derzeitigen Großmeister der Gr. National-Mutterloge, Br. O'Etzel
aus Berlin, hier zu sehen (26. Juli 1844). Fast un-
erwartet, so daß keine angemessenen Vorbereitungen

zu seinem Empfange getroffen werden konnten, erschien er inmitten der zahlreich versammelten Brr.
und hinterließ beim Scheiden den wohlthuendsten
Eindruck bei Allen, die Zeugen seines freundlichen
Entgegenkommens gewesen waren.

Der Wunsch, „den Logenarbeiten durch Plan und
„Folge eine nachhaltigere Wirkung und ein höheres
„Interesse" zu verleihen, veranlaßte den rastlos thä-
tigen Br. Mejer, zunächst für das Doppeljahr von
1846—48 einen Arbeitsplan[1]) zu entwerfen, dem zu-
folge jeder Grad seine eigenthümlichen, gradmäßig
gesteigerten und in systematischem Zusammenhange
stehenden Arbeiten erhalten sollte. Während der ersten
beiden Jahre blieb man dem Entwurfe fast durch-
gängig treu, jetzt aber ist man zur freien Wahl pas-
sender, zeitgemäßer Themata zurückgekehrt, da man bald
einsehen mußte, daß zur konsequenten Durchführung
eines solchen weitschichtigen Planes ein ansehnlicheres
Kapital von Intelligenz und Arbeitskraft erforderlich
sei, als es kleinere Logen, wie die unsrige, darzubie-
ten pflegen.

Im Februar 1848 traf die Hercynia ein höchst
empfindlicher Verlust, indem ihr hochverdienter Mstr.
v. St. in Folge seiner Versetzung als Prediger nach
Duderstadt sich genöthigt sah, sein Amt, das er fast
17 Jahre mit treuer Hingebung geführt, niederzulegen. Als er am 24. Juni sein 25jähriges Maurer-
jubiläum feierte, genoß er die Genugthuung, wahr-

---

[1]) Vgl. Astråa Jahrg. 1859—60 S. 251 ff.

zunehmen, wie aufrichtig die Anhänglichkeit und Verehrung der Brr. gegen ihn war. Besaß er auch ein
etwas starkes Selbstgefühl und war er auch manch-
mal von der Richtigkeit seiner Ansichten wie der
Zweckmäßigkeit seiner Anordnungen zu fest überzeugt
und schwer davon abzubringen, so mißbrauchte er die
ihm anvertraute Logengewalt doch nie zu Aussprü-
chen der Leidenschaft und Eigenmacht und vergaß
nie, daß der Geist des Ordens ein Geist der Liebe
und des Friedens ist.

Unmittelbar nachdem Br. Gehrich den hiesigen
Or. verlassen hatte, entstand zwischen der Loge zu
Braunschweig und der unsrigen eine glücklicherweise
bald vorübergehende Differenz in Bezug auf das s. g.
Sprengelrecht, über dessen Verletzung die erst
genannte Bauhütte sich beschweren zu müssen glaubte,
indem ein in Wolfenbüttel wohnender Aspirant hier
aufgenommen war. Die Verhandlungen wurden vom
deput. Mstr., Br. Mejer, mit der ihm eignen Gewandtheit geführt und dahin zum Abschlusse gebracht,
daß die hiesige Meisterschaft erklärte, ein solches
Sprengelrecht als unverträglich mit der Idee der
Freimaurerei nicht anerkennen zu können, sondern
nur, im Falle Suchende aus fremden Orr. sich meldeten, wegen deren Bildung und Würdigkeit bei den
Logen ihres Wohnorts genaue Erkundigungen ein-
ziehen zu wollen.

An Br. Gehrich's Statt ergriff den ersten Hammer Br. Fr. S. Th. Niedmann, ein mit herrlichen Gaben des Geistes und Gemüths ausgerüsteter

Mann, der gleichwohl nicht im Stande war, seinen Vorgänger ganz zu ersetzen. Vor allem fehlte ihm der rechte sittliche Ernst und jener ehrenfeste Sinn, der allein Vertrauen zu erwecken und die Herzen Anderer auf die Dauer zu fesseln vermag. So geschah es denn, daß der Stern der Hercynia, welcher so rein und weithin sichtbar gestrahlt hatte, sich wiederum verdunkeln zu wollen schien, zumal der deput. Mstr. sich veranlaßt sah, auf ein Jahr um Befreiung von der Theilnahme an den Arbeiten nachzusuchen. Uebrigens lagen die Gründe jenes Sinkens nicht allein in der Persönlichkeit des Hammerführenden, sondern auch in den Zeitverhältnissen überhaupt, die einer ruhigen und geordneten maurerischen Thätigkeit nichts weniger als günstig waren.[1]

Wennschon die kirchlichen Bewegungen der vierziger Jahre den Schein annahmen, als wollten sie verstimmend auf das Logenleben einwirken und den geregelten Gang der Arbeiten alteriren, so trat die Besorgniß einer Störung doch ungleich näher, als im Frühjahre 1848 der gewaltige Sturm losbrach, welcher mehrere Staaten Europa's in ihren Grundfesten erschütterte und das ruhige Fortbestehen vieler Einrichtungen unmöglich machte oder doch in Frage stellte. Jedem ist es erinnerlich, wie eine fieberhafte Aufregung auch den Gleichgültigen zu lebhafter Parteinahme hinriß, wie farblose Neutralität kaum möglich war und wie Mancher dem Kitzel nicht wider-

---

[1] Vgl. hierüber Findel a. a. O. S. 251 ff.

stehen konnte, sich an den Weltverbesserungsplänen
erhitzter Köpfe zu betheiligen. Der ungestüme Ruf
nach Einheit und Reform erscholl auch auf dem Ge-
biete der Maurerei, ohne daß man sich recht klar
darüber war, was man eigentlich wollte und welche
Mittel zu ergreifen wären, ein solches Verlangen zu
befriedigen. Glücklicherweise verschwanden bei uns
wenigstens diese unerquicklichen Zustände bald und
mancher Br., der sich zu weit hatte fortreißen lassen,
lenkte enttäuscht und ernüchtert in das rechte Gleis
wieder ein. Bei vielen Außenstehenden, denen das
wirre Treiben zuwider geworden war, regte sich das
Bedürfniß, in dem trauten Kreise der Loge das zu
finden, was das gewöhnliche Leben ihnen versagte,
und so kam es, daß innerhalb eines Jahrs 13 Aspiranten
Aufnahme fanden und die Anzahl der wirklichen Mitglieder auf 146 stieg, eine Zahl, die weder früher
noch später wieder erreicht ist.

Als Br. Niedmann Johannis 1850 zurücktrat,
wählte man zu seinem Nachfolger den Br. K. A.
Agthe, der vermöge seiner allgemein geachteten
Stellung im bürgerlichen Leben, seiner milden, Liebe
und Vertrauen erweckenden Persönlichkeit, der Wärme
seines Gemüths und der seltenen Gewandtheit in
der Rede wie im geselligen Verkehr, endlich auch
vermöge der Freiheit von jedem pedantischen, die
Herzen beengenden Formalismus zur Uebernahme des
ersten Hammers vor Allen geeignet erscheinen mußte.
Er bekleidete sein Amt noch kein volles Jahr, als
die Hercynia einen höchst empfindlichen Verlust dadurch

erlitt, daß die ihr angehörenden Brr. von Klausthal und Zellerfeld den Entschluß faßten, eine
eigne Bauhütte zu gründen. Ihr Abgang mußte
um so tiefer betrüben, als gerade sie von jeher sich
durch regen Eifer und treue Anhänglichkeit hervor-
gethan hatten. Ein maurerischer Klub, welcher wie
in Wernigerode so auch auf dem Oberharze seit 1847
bestand, genügte auf die Dauer nicht und so begehr-
ten 28 Brr., unter ihnen 14 Mstr., 6 Ges. und 8
Lehrl., am 13. Juni 1851 ihre Entlassung, um eine
neue Loge unter dem Namen „Hercynia zur Bruder-
treue", den man später mit dem „Georg zur gekrönten Säule" vertauschte, zu stiften. Die In-
stallation geschah am 25. Sept. desselben Jahrs als
an dem Tage, welcher ihren ersten Mstr. v. St., Br.
G. Fr. Angerstein, vor 52 Jahren ins Leben ge-
rufen hatte. Die junge Bauhütte nahm einen so
raschen Aufschwung, daß sie Joh. d. J. bereits 105
aktive Mitglieder zählte.

Eine traurige Pflicht erfüllte die Hercynia in demselben Jahre, indem sie am 25. Nov. eine außeror-
dentliche Trauerloge zum Gedächtnisse des wenige
Tage zuvor in den ewigen Osten eingegangenen Großmeisters, des Königs Ernst August I.,[1]) unter ent-

---

[1]) Der Verewigte war Maurer seit dem 13. Mai 1795,
wo er die Weihe durch eine Deputation der Großloge von
England erhielt. Ein Jahr vor seiner Thronbesteigung sprach
er die denkwürdigen Worte: „Möchte jeder Hannoveraner wah-
„rer Maurer in seinem Herzen sein! Dann wären wir sicher,
„nur brave, redliche Männer im Lande zu besitzen."

sprechenden Feierlichkeiten hielt. In seinem auch im
Druck erschienenen Festvortrage schilderte Br. Mejer
die hohen Verdienste des Hingeschiedenen, seinen durch-
dringenden Scharfblick, seine echte Religiosität wie
seine Wahrheits- und Gerechtigkeitsliebe.

Aus dem folgenden Jahre stammen neben beson-
deren Lokalstatuten, die gegenwärtig aber außer
Wirksamkeit getreten sind, die Bestimmungen über
das Institut zur Ueberwachung und Unter-
stützung der Hinterbliebenen vollendeter
Brr., welches den Zweck hat, „die Hinterlassenen
„verstorbener Mitglieder unsrer Loge zu überwachen,
„d. h. von ihrer Lage sich in Kenntniß zu erhalten,
„in vorkommenden Fällen sie mit Rath und That
„zu unterstützen und besonders durch Ermunterung
„und Warnung auf dem Wege der Tugend zu er-
„halten so wie denselben eine ihrer Bedürftigkeit und
„den vorhandenen Mitteln entsprechende Unterstützung
„zu gewähren." Den Fonds bilden ein Grundkapital
von 1500 ℳ Cour., die Zinsen der ausgeliehenen
Kapitalien, die Beiträge der Brr., welche sich minde-
stens auf 15 gr des Jahrs belaufen müssen und zu
denen 2 ℳ von jedem Neuaufgenommenen oder Af-
filiirten kommen. Die Führung der Geschäfte besorgt
eine Kommission von drei Mstrn., von welchen
jährlich einer ausscheidet. Für das Maurerjahr von
Joh. 1862—63 kamen im Ganzen 135 ℳ unter 7
Witwen und eine Waise zur Vertheilung. Das Institut zählt gegenwärtig 114 Mitglieder und ihm
wurde vom Königl. Ministerium des Innern am

19. Febr. 1858 das Recht juristischer Persönlichkeit verliehen.

Das allgemeine Bundesfest des Jahrs 1854 brachte ein Schreiben, in welchem die Anfeindungen und Verdächtigungen gegen den Maurerbund in religiöser und politischer Beziehung, wie solche von einem Hengstenberg und Eckert ausgegangen, ebenso kurz als treffend abgewehrt und in ihrer Nichtigkeit bloß gestellt werden. Ein anderes, drei Jahre später erlassenes Ausschreiben sucht nachzuweisen, daß der Geist der Humanität, der allgemeinen Menschenliebe und höchsten Menschenwürde, wie die Maurerei ihn als den ihrigen erkennt, nur in dem Gottesreiche des Evangeliums walte, daß daher auch der Maurerbund als ein specifisch christliches Institut gelten müsse und, ohne sich selbst ungetreu zu werden, die Bekenner des mosaischen Glaubens wohl - als Brüder im allgemeinen, nicht aber im engern maurerischen Sinne anzuerkennen vermöge.

Unter den Erlebnissen der Hercynia in der jüngsten Vergangenheit verdient namentlich eins eine ausführliche Darstellung, da es besonders tief und entscheidend eingewirkt hat. Anfangs Mai 1856 traf hier ein Schreiben der ehrwürdigsten Großloge des Königreichs Hannover ein, worin wir aufgefordert wurden, uns binnen 14 Tagen dahin zu erklären, ob wir uns ihr anzuschließen geneigt seien, indem nämlich unser allergnädigster König das Verlangen geäußert hatte, daß sämmtliche Logen seines Landes sich der genannten Großloge unterordnen und keine

solchen mehr in Thätigkeit bleiben sollten, die frem=
den Großorienten angehörten. Da die Angelegen=
heit zu wichtig war, als daß sofort eine endgültige
Entscheidung hätte getroffen werden können, so bat
man zuvörderst um eine Verlängerung der gesetzten
Frist, welche auch gewährt wurde. Es mußte schwer
sein, ein Band zu zerreißen, welches 37 Jahre lang
zum unverkennbaren Segen für unsre Loge bestanden
hatte, und einer Mutter zu entsagen, die mit so sel=
tener Treue und Umsicht für unser Bestes gesorgt
und deren System durch seine würdevolle Einfachheit
wie inhaltschwere Tiefe für Geist und Gemüth gleich
befriedigend war. Zuerst hoffte man, daß es gelin=
gen würde, ein ähnliches Verhältniß zu erzielen, wie
es z. B. in der Loge zur goldenen Mauer in Budissin
schon seit einer Reihe von Jahren bestand, d. h. in
regimineller Hinsicht der Großloge von Hannover, in
ritueller jedoch nach wie vor der National=Mutterloge
in Berlin anzugehören. Obgleich letztere sich bereit
erklärte, zu einem solchen Verhältnisse die nöthigen
Anordnungen zu treffen, so wurde doch von Seiten
der hannoverschen Großloge in einer außerordentlichen
Sitzung vom 27. Juni der Beschluß gefaßt, „daß ein
„Fortbestehen des bisherigen Verhältnisses auch nur
„in ritueller Beziehung nicht zu gestatten und viel=
„mehr ein vollständiger Anschluß an die Großloge
„von Hannover in allen Beziehungen zu bewerkstel=
„ligen sei, wobei es uns jedoch einstweilen unbenom=
„men bleiben sollte, nach dem bisherigen Rituale in
„den drei Johannisgraden fortzuarbeiten, jedoch mit

„völliger Einstellung der Arbeiten in den höheren „Graden." Der längere Verzug bestimmte Se. Majestät, gegen den damaligen ehrwürdigsten Großmeister, Br. Grafen Bentinck, seinen entschiedenen Willen dahin zu äußern, „daß die drei in dem Kö-„nigreiche unter preußischen Großlogen bisher aller-„gnädigst belassenen Freimaurerlogen zu Goslar, Os-„nabrück und Stade der hannoverschen Großloge bei-„zutreten oder ihre Logen zu schließen hätten." Nachdem die Bitte um eine Audienz bei Sr. Majestät rücksichtlich der ferneren rituellen Verbindung mit der Gr. National-Mutterloge abgeschlagen war, erfolgte von Seiten der letztern unter dem 17. Dez. 1856 die Urkunde, wodurch die Hercynia „mit dankbarer „Anerkennung ihres regelrechten, echt maurerischen „und treuen Wirkens" von ihren zeitherigen Verpflichtungen als Töchterloge entbunden wurde. Das neue Konstitutionspatent der ehrwürdigsten Großloge des Königreichs Hannover ward am 31. Dez. ausgefertigt und unsre Bauhütte als gerechte und vollkommene Töchterloge von ihr angenommen, „unter „der Bedingung und Verpflichtung, daß dieselbe den „für die Freimaurerei des Königreichs, bestehenden, „auch fernerweit zu erlassenden Statuten und Ge-„setzen in aller Maße Folge leiste." Zum Repräsentanten bei der neuen Mutter wurde der Br. A. Guthe, zweiter Aufseher der Loge Friedrich zum weißen Pferde, ausersehen, der am 9. Jan. 1849 im hiesigen Oriente das maurerische Licht erblickt und sich von jeher durch Eifer und Treue gegen den Bund ausgezeichnet hat.

4.

Die Hercynia unter der ehrwürdigsten Großloge des Königreichs Hannover.

1857 bis jetzt.

—⚬⚬⚬—

Die feierliche Uebergabe der Hercynia an die ge=
nannte Großloge geschah am 4. Jan. 1857; von Han=
nover waren zu diesem Ende die Brr. Boedeker,
Krüger und Teichmann, von Berlin die Brr.
Horn und Waldästel erschienen. Allen Anwesen=
den wird es unvergeßlich sein, mit welcher tiefen
Bewegung unser Mstr. v. St. die Arbeit leitete und
wie innig und rührend sein Dank auf der einen und
sein Vertrauen auf der andern Seite sich äußerte.
Den Festvortrag hielt der Schreiber dieses als Red=
ner darüber, daß unter dem Wechsel der Form die
Pflege der Humanität dasjenige sei, was immer und
überall als dasselbe beharre, und daß diese Humanität,
solle sie anders die rechte sein, im Christenthume wur=
zeln und auf die Säulen der W., St., Sch. sich grün=
den müsse. Die beiderseitigen Abgeordneten wurden
späterhin zu Ehrenmitgliedern unsrer Loge ernannt.
Es war für die Logen unsers Königreichs wie für
die gesammte Freimaurerei ein Tag höchster Freude
und unberechenbarer Tragweite, als unser allergnä=
digster König Georg V., den Anregungen seines
Herzens folgend und um das Wohlwollen, welches
er als Protektor des Ordens bereits bei verschiedenen
Angelegenheiten an den Tag gelegt, noch mehr zu

4*

bethätigen, am 14. Jan. 1857 in der Loge zum schwarzen Bär in Hannover durch den jetzigen ehrwürdigsten 1. deput. Großmeister, Br. Krüger, die Bundesweihe empfing. Aus dem hiesigen Oriente hatten sich der Mstr. v. St., Br. Agthe, so wie die beiden Aufseher, Br. Laubahn und Br. Wiepking, nach Hannover begeben, um dem Könige, der Mitglied jeder einzelnen Bauhütte des Landes zu werden verlangt hatte, das betreffende Zeichen der Hercynia, den flammenden Stern mit der bedeutsamen Inschrift Digno, einzuhändigen.[1] Auch bei der am folgenden Tage statt findenden Einweihung des neu erbauten Logenhauses waren die genannten Brr. anwesend und kehrten aufs allseitigste befriedigt und hoch beglückt durch die Huld, welche Se. Majestät gegen sämmtliche Brr. aufs unverkennbarste geäußert, hierher zurück. In einem eigenhändig unterzeichneten Schreiben d. d. 29. Jan. 1857 drückt Se. Majestät die herzlichste Freude darüber aus, nun auch dem Bunde anzugehören und fordert die Brr. auf, fest vereint mit einander in gegenseitiger Treue um so eifriger dem Guten nachzustreben und zu allen edlen Werken die Bruderhand sich zu reichen.

Je unverkennbarer der wohlthätige Einfluß war, welchen die Hammerführung des Brs. Agthe auf das innere und äußere Gedeihen unsrer Loge ausübte,

---

[1] S. die ansprechende Schilderung des Brs. Nölbeke in „Die Freimaurerei im Or. v. Hannover" (Hannover 1859) S. 83 ff.

defto allgemeiner und aufrichtiger mußte die Betrüb=
niß der Brr. sein, als der eben Genannte aus Ge=
sundheitsrücksichten sich veranlaßt sah, Joh. 1859 eine
Wiederwahl abzulehnen und sich von der unmittel=
baren Leitung der Angelegenheiten zurückzuziehen.
Seine Ernennung zum Ehrenmeister war der Aus=
druck des Dankes, auf welchen er sich durch seine
großen Verdienste die vollgültigsten Ansprüche erwor=
ben hatte. In seine Stelle trat der Br. H. Latt=
mann, der während seiner langen maurerischen
Laufbahn Beweise genug dafür abgelegt hatte, daß
die Maurerei ihm von jeher Herzenssache und na=
mentlich sein Bestreben für das Wohl der Hercynia
jederzeit ein treu gemeintes gewesen ist. Ihm zur
Seite stand Br. L. Hörmann als deput. Mstr., der
ebenfalls von dem reinsten Eifer für die K. K. be=
seelt war und bei dem nur der Uebelstand störend
einwirken mußte, daß er nicht hier am Orte wohnte
und deshalb seine Kräfte nicht so, wie er es wünschte,
der Loge widmen konnte. Eine der ersten Arbeiten,
welche er auf den Wunsch des Brs. Lattmann leitete,
war die am 16. Nov. 1859[1]), als die Hercynia das
Fest ihres halbhundertjährigen Bestehens feierte. Trotz
der Ungunst der Jahrszeit hatten sich 49 besuchende
Brr. zum Theil aus ziemlich weiter Ferne eingefun=
den, unter ihnen aus Hannover die Brr. Krüger,
Guthe und Wehner, aus Harburg die Brr. Korlan
und Scharlach, aus Bernburg der nun verewigte Br.

---

[1]) Vgl. Freimaurer=Zeitung Jahrg. 1859 Nr. 51.

Zincken, welcher bereits 1810 hier aufgenommen war und unter allen Anwesenden wohl das höchste maurerische Alter besitzen mochte. Die Feier verlief auf die erhebendste Weise[1]); weil unsre Bauhütte bei dem Rückblicke auf den durchlebten, wechselvollen Zeitraum sich das beruhigende Zeugniß geben durfte, einzelne bald vorübergehende Schwankungen abgerechnet, die möglichst vollständige Lösung der ihr gestellten hohen Aufgabe stets gewissenhaft und eifrig angestrebt zu haben, so konnte sie auch in die Zukunft mit dem freudigen Vertrauen blicken, sie werde durch treue Verfolgung ihres Ziels und durch einmüthiges Zusammenwirken ihrer Mitglieder fortfahren, einen ehrenvollen Rang unter ihren Schwestern einzunehmen und noch recht Vielen, deren Sinn und Streben auf das Höhere und Unvergängliche gerichtet ist, ein Leitstern auf ihrem Wege sein.

Etwa ein Jahr später fand eine Feierlichkeit statt, die seit 1848 den Brrn. nicht zu Theil geworden war. Schon mehrfach hatte man den Wunsch geäußert, einmal wieder eine Schwesternloge zu halten; allein die Gr. National-Mutterloge hatte sich dagegen erklärt, indem sie in dergleichen Festlichkeiten „eine gefährliche Mischung von Verrath und unwür-„diger Täuschung und Spielerei" erblicken zu müssen glaubte. So unterblieb die Sache, bis endlich am 2. Oct. 1860 das Verlangen einer großen Zahl von

---

[1]) Die bei dieser Gelegenheit gehaltenen Reden der Brr. Mejer und Müller II. s. in der Astrда Jahrg. 22 und 23.

Brrn. und Schwestern in Erfüllung ging. Von den letzteren hatten sich 39 eingefunden, welche vom dep. Mstr. v. St. durch eine kurze Ansprache und vom damaligen Redner, Br. Breust, durch einen längern Vortrag auf die Bedeutung des Festes hingewiesen und, so weit es sich mit dem geleisteten Gelübde der Verschwiegenheit vertrug, über unsre Thätigkeit in der Loge, deren Inhalt und Zweck, aufgeklärt wur=den. Außer den Genannten richtete der s. e. Groß=redner, Br. Richter aus Hannover, Ehrenmitglied der Hercynia, das Wort an die Versammelten und wies darauf hin, welcher reiche Segen den Brrn. aus der Liebe der Schwestern und aus dem innigen Verhält=nisse zu ihnen erwächst.

Wenige Wochen später versammelte abermals eine Festlichkeit erfreulichster Art die Brr. in den Räumen der Loge, nämlich die Wiederkehr des Tages, an welchem der von Allen verehrte Br. Agthe, derzei=tiger substit. Mstr. v. St., vor 25 Jahren in der Loge Georg zum silbernen Einhorn in Nienburg (nicht in Nürnberg, wie die Latonia Bd. 21 Heft 2 S. 186 angiebt) das maurerische Licht erblickt hatte (1. Dez. 1835). In Anerkennung seiner großen Ver=dienste um den Bund wurde er von der genannten Loge unter die Zahl ihrer Ehrenmitglieder aufgenom=men, während die Brr. der Hercynia ihm zum Zei=chen ihrer Anhänglichkeit und Dankbarkeit eine Pen=düle zum Geschenk machten. Mit der lebhaftesten Freude erfüllte es Alle, daß seine Gesundheit sich so weit gekräftigt hatte, um ihm Joh. 1861 die Ueber=

nahme des ersten Hammers zu gestatten und als
Mstr. v. St. bald nachher eine Festarbeit zu leiten,
die das regste Interesse der Brr. erwecken mußte.
Dieselbe betraf nämlich die Nachfeier des 50jährigen
Dienstjubiläums eines der würdigsten Mitglieder un=
srer Bauhütte, des Brs. Heyne I., subst. ersten Auf=
sehers, der während seiner 47jährigen maurerischen
Laufbahn als ein echter Jünger der K. K. sich be=
währt und der Loge stets eine unwandelbare Treue
an den Tag gelegt, auch während einer Reihe von
Jahren als Schatzmeister sich um dieselbe besonders
verdient gemacht hatte.

Nur wenige Tage nach diesem erfreulichen Ereig=
nisse wurden die hiesigen Brr. durch eine Nachricht
um so schmerzlicher berührt, je unerwarteter dieselbe
kam. Am 27. Sept. starb nämlich zu Duderstadt
nach kurzem Krankenlager Br. Fr. Gehrich,[1] des=
sen ausgezeichnete Wirksamkeit für unsre Loge bereits
oben gebührend gewürdigt ist und der auch in der
Ferne uns stets die regste Theilnahme geschenkt hatte
und mit uns aufs innigste verbunden geblieben war.
In der am 17. Dez. gehaltenen Trauerloge trat es
sämmtlichen Brrn. nochmals recht nahe, was sie an
ihm besessen und welchen herben Verlust sie durch
seinen Tod erlitten hatten.

---

[1] Nicht Christ. Ernst Gehricke, wie in der Latonia a. a.
O. S. 187 steht; auch liegt Duderstadt nicht bei Goslar, son=
dern reichlich 7 Meilen davon entfernt. S. „Zum Gedächt=
nisse des Brs. Fr. Gehrich.“ (Goslar, Br. Brückner. 1862.)

Wir nähern uns jetzt einem Ereignisse, das in den Annalen der Hercynia einzig dasteht und auf welches wir mit ebenso ungetheilter Freude als gerechtem Stolze zurückzublicken Ursach haben. Die Nachricht, daß unsre allergnädigste und allverehrte Königin zur Wiederherstellung ihrer angegriffenen Gesundheit in unsrer Stadt längere Zeit zu weilen beabsichtige und daß ihr hoher Gemahl sie hierher begleiten werde, veranlaßte uns, die unterthänigste Bitte an Se. Majestät zu richten, einer maurerischen Arbeit im hiesigen Oriente beiwohnen zu wollen. Unser schüchtern ausgesprochenes Ersuchen wurde huldvoller, als wir zu hoffen wagten, aufgenommen und der 15. Juni zu einer außerordentlichen Festloge bestimmt. Bald nach 3 Uhr erschien der allerdurchlauchtigste ehrwürdigste Großmeister in Begleitung des ehrwürdigsten ersten deput. Großmeisters Brs. Krüger, des sehr ehrw. ersten Großaufsehers, Brs. Wehner und des Brs. von Kohlrausch inmitten der zahlreich versammelten Brr. und verfügte sich nach Vorstellung der Beamten so wie einiger besuchender Brr. in die aufs geschmackvollste verzierten Hallen des Tempels. Der Mstr. v. St. knüpfte seine Begrüßung an die Worte: „Fürchtet Gott, „ehret den König, liebet die Brüder“, und entwarf dann in kurzen, aber charakteristischen Zügen ein Bild von der Art und Weise, wie wir unsre Arbeit zu treiben gewohnt sind, worauf Se. Majestät sich erhob und folgende Worte sprach:

„Meine geliebten Brr.! Es ist Meinem Herzen
„ein Bedürfniß, nachdem unser f. e. Mstr. v. St. ein
„so schönes Bild von dem Wirken dieser Loge ent-
„worfen, nun auch ein Wort an Sie zu richten. Ich
„ergreife diese Gelegenheit in dieser Stunde, die Mir
„durch die Gnade des a. B. a. W. geschenkt ist, um
„einen Rückblick in die Vergangenheit zu thun und
„zunächst den gel. Brrn., welche Bürger dieser Stadt
„sind, Meine große Freude darüber auszudrücken,
„daß diese Stadt, nach deren Besitze Mein glorreicher
„Ahn, Heinrich der Löwe, einst so eifrig getrachtet
„und die der Grund der Entzweiung zwischen ihm
„und dem Kaiser wurde, was damals beiden Theilen
„zum Verderben gereichte, auf eine friedliche Weise
„in den Besitz des Welfenhauses gekommen ist. Ganz
„besonders bin Ich erbaut von der Wirksamkeit dieser
„Loge. Es ist Mir dieses insofern nicht neu, als
„dieselbe sich längst eines ausgezeichneten Rufs weit-
„hin erfreute, weil ein so herrlicher Geist unter ihren
„Gliedern waltet und in einem so christlichen Sinne
„in ihr gearbeitet wird. Diese Stunde wird Mir
„unvergeßlich sein, wo in so erhebender Weise die
„Pflichten der Freimaurerei dargelegt sind. Es kann
„nicht fehlen, daß, wo so gewirkt wird, immer mehr
„Herzen für die Maurerei gewonnen werden. Auch
„muß Ich es noch aussprechen, daß Ich es als ein
„Heil für die hannoversche Maurerei erkenne, daß
„Wir grade diese Loge, welche zu Unserm innigsten
„Bedauern bis vor fünf Jahren unter Konstitution

„einer andern Großloge arbeitete, jetzt als ein erha-
„benes Glied in Unsrer Kette besitzen. Möge der a.
„B. a. W. diese Loge in seinen väterlichen Schutz
„nehmen und ihre fernere Arbeit segnen!" — Nach=
dem der Vorsitzende für diese huldvolle Beurtheilung
dessen, was wir zu sein und zu leisten gestrebt, ge-
dankt hatte, hielt der Schreiber dieses die Festrede
über die Maurerei als eine Königliche Kunst und ver=
suchte darzulegen, was sie als solche gewähre — innere Freiheit und inneren Frieden, so wie, was sie
von uns fordere — aufrichtige Liebe zu Gott und
zu allen Menschen. — Nach geendigter Arbeit unter=
hielt sich Se. Majestät längere Zeit mit einzelnen
Brrn. auf die herablassendste Weise, bis zur Tafel
eingeladen wurde. Hier herrschte die ungezwungenste
Heiterkeit und namentlich zeigte sich unser hoher Gast
so freudig bewegt und äußerte solches auf eine so
unverkennbare Art, daß alle Anwesenden davon hin=
gerissen wurden und es keinem zweifelhaft bleiben
konnte, wie warm sein Herz für den Bund und des=
sen erhabene Zwecke schlägt und wie gegründete Ur=
sache wir haben, stolz darauf zu sein, daß er als
Großmeister die Angelegenheiten der vaterländischen
Bauhütten mit ebenso weiser als sicherer Hand lei=
tet. Erst spät trennten sich die Festgenossen, nicht
ohne das erhebende Bewußtsein, daß man Stunden
für die Ewigkeit verlebt habe und daß die Maurerei
mehr sein müsse, als ein „großes Nichts" oder ein
„ziemlich bedeutungsloser Anachronismus", daß sie

vielmehr unvergleichlich kostbare Schätze in sich berge
und es nur auf die Fähigkeit ankomme, diese zu
heben und für Geist und Gemüth auf die rechte,
fruchtbringe Weise auszubeuten. — Am Morgen nach
diesem für alle Folgezeit denkwürdigen Feste, dessen
Andenken Jeder als ein unverlierbares Kleinod be-
wahrt, übte Se. Majestät einen großartigen Akt der
Barmherzigkeit, indem auf allerhöchsten Befehl unserm s. e. Mstr. v. St. 100 ℳ mit der Bestimmung
zugestellt wurden, solche unter arme Bergmanns-
frauen, deren Gatten in ihrem Berufe verunglücken
würden, zu vertheilen.

Möge denn der Allmächtige, der bislang so gnä-
dig über unserm theuren Könige und allen den Sei-
nigen gewaltet, auch fernerhin unsern allerdurchlauch-
ligsten ehrwürdigsten Großmeister bis zum fernsten
Ziele in ungeschwächter Kraft erhalten, möge er ihn
und sein ganzes Haus mit der Fülle seiner Liebe
überschütten und ihn in der unwandelbaren Treue
und Anhänglichkeit der Brr. so wie in dem unabläs-
sigen Streben derselben nach Weisheit und Tugend
den Lohn für seine auf unser Bestes abzweckenden
Bemühungen immerdar finden lassen! Möge auch
die Erinnerung an die uns widerfahrene Auszeich-
nung nicht zu eitler Hoffahrt oder dünkelhafter Selbst-
gerechtigkeit uns verleiten, sondern stets ein kräftiger
Sporn für uns Alle sein, durch ernste Thätigkeit des
Geistes, durch eifriges Ringen nach dem Wahren,
Guten, Schönen, durch Selbsterkenntniß, Selbstbe-

herrschung, Selbstveredlung, wie die Säulen der W.,
St., Sch. sie uns lehren, dem Ideale wahrer Maurerei uns mehr und mehr zu nähern; möge unsre
Hercynia ihre Aufgabe, eine Pflanzstätte echter Humanität und Bruderliebe zu sein, immer tiefer und
allseitiger erfassen und somit das ihr gespendete Lob
auch in Zukunft immer vollständiger zu verdienen
suchen!

Statistische Bemerkungen.

I. Finanzen.

Die finanziellen Verhältnisse unsrer Loge sind, Dank der gewissenhaften Verwaltung derselben von Seiten der Meisterschaft so wie der Rechtschaffenheit und Sparsamkeit sämmtlicher Brr. Schatzmeister, sehr wohl geordnet und würden noch ungleich befriedigender zu nennen sein, wenn nicht erhebliche Bauten, die theils durch die neue Feuerordnung, theils durch die Rücksicht auf größere Bequemlichkeit und Zweckmäßigkeit herbeigeführt wurden, die Kasse stark in Anspruch genommen hätten. Das Vermögen der Loge besteht

1) in dem oben erwähnten Hause mit Nebengebäuden und einem großen Garten, wovon die ersteren in der Gothaer Feuerversicherungsgesellschaft für 5575 ℳ versichert sind;

2) in dem Inventarium, welches bei derselben Gesellschaft für 1350 ℳ assekurirt ist;

3) in einer Brauzeit (Aktie der hiesigen Brausocietät), welche mit dem Ankaufe des Hauses

gewonnen wurde und eine jährliche Dividende von 3 ℳ einbringt. Die unteren Räume des Hauses nebst Garten sind bis Michaelis 1865 für 80 ℳ Cour. jährlich vermietet. — Die Passiva beschränken sich im Ganzen auf 400 ℳ, welche die Loge dem Justitute zur Unterstützung der Hinterbliebenen vollendeter Brr. schuldet und demselben mit 4 vom Hundert jährlich verzinst.

In dem Jahre von Joh. 1860 bis dahin 1861 belief sich die Einnahme der Logenkasse auf 690 ℳ 26 gr, die Ausgabe auf 630 ℳ 14 gr 1 ₰, so daß ein Ueberschuß von 60 ℳ 1 gr 9 ₰ blieb.

II. Armenkasse.

Dieselbe war früher mit der allgemeinen Logenkasse vereinigt, wird jedoch seit mehreren Jahren von einem Br. Almosenpfleger besonders verwaltet und hatte während des Maurerjahrs 1860—61 eine Einnahme von 100 ℳ 5 gr 4 ₰, wogegen die Ausgabe 61 ℳ 4 gr betrug, so daß ein Kassenbestand von 39 ℳ 1 gr 4 ₰ blieb. Seit Gründung der Loge sind reichlich 3500 ℳ aufgekommen und verwandt. Gemeinnützige Unternehmungen haben aus der Logenkasse jederzeit bereitwillige Beihülfe erfahren, so der Kölner Dombau mit 50 ℳ Gold; allein im J. 1861 wurden für die Schillerstiftung in Bauerbach 5 ℳ, für die Pflegeanstalt für geistesschwache Kinder im Königreiche Hannover 10 ℳ, zur Erbauung einer Loge in Soest 10 ℳ gespendet.

III. Bibliothek.

Durch ein Vermächtniß des im Febr. 1859 ver-
storbenen Brs. Brandes hat dieselbe einen sehr
dankenswerthen Zuwachs erhalten, so daß die Zahl
der Bände gegenwärtig 426 beträgt. Ein Verzeichniß der vorhandenen Werke wurde im Aug. 1860
gedruckt und jedem Mitgliede der Loge ein Exemplar
davon zugestellt.

IV. Aufnahmen, Beförderungen und Affiliationen.

Aufgenommen	Befördert	
	in II.	in III.
1809—18 : 89	66	50
1819—28 : 56	28	13
1829—38 : 50	26	23
1839—48 : 78	54	43
1849—58 : 68	60	42
1859—62 : 21	11	7
zusammen 362	245	178 Brr.

Affiliirt wurden von 1809—1862 im Ganzen
65 Brr.

Die Aufnahme- resp. Beförderungsgebühren be-
liefen sich anfänglich auf 25 ℳ Gold für I., 15 ℳ
für II. und 20 ℳ für III. Gegenwärtig betragen
sie beziehungsweise 35⅓, 12½ und 17⅔ ℳ Cour.,
für einen Lufton 21⅓, 7½ und 10⅙ ℳ, für einen
Johannisbr. bei seiner Aufnahme 7⅓ ℳ Cour. Für
die Affiliation sind 5⅝ ℳ zu erlegen. — An jähr-
lichen Beiträgen zur Logenkasse sind 3 ℳ für einhei-
mische, 1⅔ ℳ für auswärtige Mitglieder festgesetzt.

Unfre Hercynia zählte zu Joh. d. J. — abge-
fehen von 17 Ehrenmitgliedern und 6 dienenden
Brrn. — 119 aktive Mitglieder, von denen 63 Mei-
fter, 22 Gefellen und 34 Lehrlinge find, 37 in der
Stadt und 72 außerhalb derfelben wohnen. Unter
ihnen ift der Kaufmannsftand am ftärkften vertreten,
nämlich durch 27, ihm zunächft der Lehrerftand durch
12 Brr.; von der Geiftlichkeit, welche bei der jetzt
herrfchenden ftrenggläubigen Richtung fich zur Maurerei im Ganzen gleichgültig, wo nicht feindfelig ver-
hält, gehören noch 5 Brr. zu uns. Wie anderwärts
fo macht man auch hier die Wahrnehmung, daß die
Zahl der wiffenfchaftlich Gebildeten immer geringer
zu werden droht, indem bei weitem die meiften Afpi-
ranten Handel- oder Gewerbtreibende find. Während
die Intelligenz früher ein Kontingent von 30—40
pro Cent lieferte, ift diefes Verhältniß jetzt etwa auf
die Hälfte herabgefunken, ein Umftand, aus dem,
weil er fich faft aller Orten wiederholt, mancher
Widerfacher der Freimaurerei voreiliger Weife folgern
will, als habe diefelbe fich ihrem innerften Wefen
nach überlebt und nur noch in gefelliger Hinficht
einige Bedeutung.

V. Verzeichniß der Brr. Beamten von 1809—62.

Anm. Wo die Angabe des Orts fehlt, ist Goslar, wo bei dem Wechsel der Beamten nur die Jahrszahl steht, in der Regel Johannis zu verstehen.

1. Meister vom Stuhl.

1) Br. Dieterichs I.[1]) 1809 — März 1814; 2) Br. Gehrich I.[2]) 1814—24; 3) Br. Gelpke[3]) 1824 — Jan. 1829; 4) Br. Riese[4]) 1829—31; 5) Br. Gehrich II.[5]) 1831 — Febr. 1848; 6) Br. Riedmann[6]) 1848 — 1850; 7) Br. Agthe[7]) 1850—59; 8) Br. Lattmann I.[8]) 1859—61; 9) Br. Agthe seit 1861.

2. Deput. Mstr. v. St.

1) Br. Giesecke[9]) 1809—17; 2) Br. Berensbach[10]) 1817—19; 3) Br. Giesecke 1819—21;

---

[1]) G. W., geb. zu Klausthal 1752, Tribunalrath, gest. 1814.

[2]) Chr. E., geb. zu Straußfurth 1754, Schuldirektor und Pastor emer., gest. 1833.

[3]) Chr. H. L., geb. 1767, Dr. med., gest. 1829.

[4]) J. J. X., geb. 1771, Dr. med. und Stadtphysikus, deckte 1833, gest.

[5]) Fr., geb. 1797, Prediger in Duderstadt, gest. 1861.

[6]) Fr. S. Th., geb. zu Klausthal 1803, Prediger, gest. 1858.

[7]) K. X., geb. zu Frankenhausen 1806, Dr. phil., Konrektor am Progymnasium.

[8]) J. H., geb. 1790, Particulier.

[9]) J. X. St., geb. 1757, Tribunalpräsident und Justizrath, gest. 1825.

[10]) J. W. J., geb. zu Salzgitter 1764, erster Bürgermeister zu Einbeck, gest. 1838.

4) Br. Gelpke 1821—25; 5) Br. Hinderſin[1])
1824—29; 6) Br. Gehrich II. 1829—31; von
1831—34 unbeſeßt; 7) Br. Riedmann 1834—48;
8) Br. Mejer[2]) 1848—51; 9) Br. Lattmann I.
1851—55; 10) Br. Riedmann 1855—57; 11) Br.
Himlp[3]) 1857 — Nov. 1858; 12) Br. Hörmann I.[4]) 1859—61; 13) Br. Breuſt[5]) ſeit 1861.

3. Erſte Aufſeher (Vorſteher).

1) Br. Bornträger[6]) 1809—14; 2) Br. Gelpke
1814—21; 3) Br. Rieſe 1821—24; 4) Br.
Schramm[7]) 1824—25; 5) Br. Rieſe 1825—29;
6) Br. Schramm 1829—43; 7) Br. Zimmermann II.[8]) 1843—47; 8) Br. Lattmann I.
1847—48; 9) Br. Laudahn[9]) 1848—61; 10) Br.
Hirſch[10]) ſeit 1861.

---

[1]) Chr. Fr. A., geb. zu Wernigerode 1790, Prediger,
deckte 1833, geſt. 1849.

[2]) J. W., geb. zu Oſterode 1789, Dr. jur., Obergerichts-
rath a. D. in Oſterode.

[3]) Fr. K. G., geb. zu Göttingen 1803, Dr. med., Ober-
ſtabschirurg a. D. und Badearzt in Rothenfelde.

[4]) G. H. L., geb. zu Woltershauſen 1804, Prediger in
Kl. Mahner.

[5]) H., geb. 1807, Kollab. an d. höheren Töchterſchule.

[6]) L. R. K., geb. zu Salzliebenhall 1769, geſtrichen
1827, geſt.

[7]) Fr. K., geb. zu Klausthal 1780, Stiftscontroleur, geſt. 1856.

[8]) Fr. K. J, geb. zu Ilſenburg 1789, Stabsarzt, deckte
1847, geſt. 1857 zu Münden.

[9]) H. J., geb. zu Jerſtedt 1798, Fabrikant.

[10]) K. A. W., geb. zu Einbeck 1813, Apotheker.

4. Subst. erste Aufseher.

1) Br. Zimmermann I.[1]) 1817—25; 2) Br.
Schramm 1825—29; 3) Br. Lattmann II.[2])
1829—39; 4) Br. Zimmermann II. 1839—42;
5) Br. Hasenbalg[3]) 1842—43; 6) Br. Kastenbein[4]) 1843—45; 7) Br. Heyne I.[5]) 1855—60;
8) Br. Lüttich I.[6]) 1860—61; 9) Br. Heyne I.
seit 1861.

5. Zweite Aufseher.

1) Br. Lehmann I.[7]) 1809—1812; 2) Br.
Gelpke 1812—14; 3) Br. Heitefuß[8]) 1814—20;
4) Br. Niese 1820—21; 5) Br. Schramm 1821—
23; 6) Br. Franke[9]) 1824—25; 7) Br. Hasenbalg 1825—27; 8) Br. Mävers[10]) 1827—30;
9) Br. Lattmann I. 1830—42; 10) Br. Zim-

---

[1]) Chr. H., geb. zu Wernigerode 1760, Bergwundarzt,
gest. 1841.

[2]) X. Fr. K., geb. zu Schellerten 1781, Kaufmann und
Fabrikant, gest. 1839.

[3]) Chr. J., geb. zu Jerstedt 1783, Stiftsgüteradministrator und Garnisonauditeur, suspend. 1847, gest. 1859.

[4]) H. Chr., geb. zu Oker 1778, Oberhüttenmeister zur
Juliushütte, gest. 1855.

[5]) J. Fr. W. H., geb. zu Bredelem 1787, Lehrer.

[6]) Th. Fr., geb. 1812, Fabrikant, deckte 1861.

[7]) H. J. W., geb. zu Halberstadt 1770, gest. als Ober-
bürgermeister daselbst 1831.

[8]) J. L., geb. 1781, Kaufmann, deckte 1840, gest.

[9]) J. J., geb. zu Minden 1770, Kaufmann, gest. 1825.

[10]) G. H., geb. 1754, Kaufmann, gest. 1834.

mermann II. 1842—43; 11) Br. Heyne I.
1843—45; 12) Br. Lattmann I. 1845—47; 13) Br.
Laubahn 1847—48; 14) Br. Hirsch 1848—49;
15) Br. Gesell[1]) 1849—50; 16) Br. Hirsch
1850—54; 17) Br. Wehner[2]) 1854—55; 18) Br.
Wiepking[3]) 1855—60; 19) Br. List[4]) 1860—62;
20) Br. Brückner II.[5]) seit 1862.

6. Subst. zweite Aufseher.

1) Br. Meine[6]) 1817—25; 2) Br. Bäbenroth[7]) 1825—28; 3) Br. Lattmann II. 1828—29;
4) Br. Lattmann I. 1829—31; 5) Br. Kahler I.[8])
1831—37; 6) Br. Zimmermann II. 1837—39;
7) Br. Kastenbein 1839—43; 8) Br. Lattmann
III.[9]) 1843—47; 9) Br. Hirsch 1847—48; 10) Br.
Gesell 1848—49; 11) Br. Brandes[10]) 1849—50;

---

[1]) G. K. A., geb. zu Andreasberg 1801, Kaufmann, gest. in Hannover 1859.

[2]) J. W. Fr., geb. zu Stade 1796, Generallieutenant in Hannover.

[3]) G. K. Fr., geb. zu Seesen 1790, Hauptmann a. D. und Stadtbaumeister, gest. 1862.

[4]) A. F., geb. zu Oebisfelde 1824, Kaufmann.

[5]) Ed., geb. zu Emden 1824, Kunsthändler.

[6]) J. A., geb. zu Klausthal 1762, Markscheider, gestrichen 1831, gest.

[7]) W. G. L., geb. zu Helmstedt 1781, Kaufmann, deckte 1848, gest.

[8]) Ph., geb. zu Oldendorf 1772, Kaufmann, gest. 1839.

[9]) Fr. Ab., geb. 1805, Fabrikant, gest. 1847.

[10]) K. L., geb. zu Hildesheim 1813, Kollab. am Progymn., gest. 1859.

12) Br. Schrader[1]) 1850—52; 13) Br. Wehner 1852—54; 14) Br. Wiepking 1854—55; 15) Br. Brandes 1855—58; 16) Br. Hirsch 1858—59; 17) Br. List 1859—60; 18) Br. Heyne I. 1860—61; 19) Br. Brückner II. 1861—62; 20) Br. Meyer I.[2]) seit 1862.

7. Redner.

1) Br. Gehrich I. 1809—14; 2) Br. Hinderfin 1814—24; 3) Br. Gehrich II. 1824—29; 4) Br. Volckmar[3]) 1829—33; 5) Br. Riedmann 1833—35; von 1835—41 unbesetzt; 6) Br. Mejer 1841—45; 7) Br. Agthe 1845—50; 8) Br. Brandes 1850—52; 9) Br. Himly 1852—56; 10) Br. Müller II.[4]) 1856—60; 11) Br. Breust 1860—61; 12) Br. Müller II. seit 1861.

8. Subst. Redner. Vorbereitende.

1) Br. Besser[5]) 1809—12; 2) Br. Meyer II.[6]) 1812—13; 3) Br. Mühlenpfordt[7]) 1817—25;

---

[1]) G. K., geb. zu Klausthal 1790, gest. als Oberstlieutenant in Lüneburg 1854.

[2]) G. Chr. Th., geb. zu Bodenwerder 1819, Weinhändler und Rathskellerwirt.

[3]) G. H A., geb. zu Göttingen 1802, Konrektor am Progymn., deckte 1849, gest. 1851.

[4]) Fr. A. K., geb. 1823, Dr. phil. und Kollab. am Progymn.

[5]) J. A. W., geb. zu Quedlinburg 1780, deckte 1829, gest. als Prediger in seiner Vaterstadt 1840.

[6]) K. Ph., geb. zu Klausthal 1773, Forstinspektor, deckte 1822, gest.

[7]) L. Chr. B., geb. zu Göttingen 1775, Maschinendirektor a. D. in Göttingen, deckte 1861.

4) Br. Mävers 1825—27; 5) Br. Halfeld[1]) 1833—34; 6) Br. Agthe 1841—45; 7) Br. Lau. bahn 1846—47; 8) Br. Volckmar 1847—49; 9) Br. Grotjahn[2]) 1849—52; 10) Br. Both. mann[3]) 1852—55; 11) Br. Breuſt 1855—60.

9. Sekretäre. (Archivare.)

1) Br. Wolpers[4]) 1809—14; 2) Br. Hafen. balg 1814—25; 3) Br. Kircher I.[5]) 1825—30; 4) Br. Heſſe[6]) 1830—45; 5) Br. Mejer 1845—48; 6) Br. Brandes 1848—49; 7) Br. Weißen. born[7]) 1849—52; 8) Br. Großſchupff II.[8]) 1852—57; 9) Br. Krone[9]) 1857—60; 10) Br.

---

[1]) G. A., geb. zu Klausthal 1805, Prediger und Schul. inſpector, deckte 1835, geſt. 1844.

[2]) H. Chr., geb. zu Lamspringe 1794, Dr. med. und prakt. Arzt in Schladen.

[3]) W., geb. zu Gattenhauſen 1805, Dr. phil. und Schul. birektor in Bremerhafen, erhielt Dimiſſor. 1857.

[4]) J. H., geb. zu Harzburg 1773, Kaſſierer bei der Di. ſtriktskaſſe, erhielt Dimiſſor. 1814.

[5]) E. W. G., geb. zu Gernrode 1758, Buchdruckerei. beſitzer, geſt. 1830.

[6]) G. J. J., geb. 1805, Dr. jur. und Amtsrichter in Rotenburg, erhielt Dimiſſor. 1857.

[7]) B. S., geb. zu Schmalkalden 1812, Amtsaktuar in Uslar.

[8]) S. H. Ph., geb. 1803, Amtsgerichtsvoigt a. D. und Agent.

[9]) H. Fr. Th., geb. zu Ilſenburg 1822, Schreib. und Zeichenlehrer in Bremen, erhielt Dimiſſor. 1861.

Meyer I. 1860—61; 11) Br. Schmidt II.[1]) seit 1861.

10. Subst. Secretäre.

1) Br. Dieterichs II.[2]) 1809—14; 2) Br. Tüngel[3]) 1814—16; 3) Br. Kircher I. 1816—25; 4) Br. Hasenbalg 1825—26; 5) Br. Fenkner[4]) 1826—28; 6) Br. Hesse 1828—31; 7) Br. Gottschalck[5]) 1831—37; 8) Br. Feldmann[6]) 1837—41; 9) Br. Großschupff II. 1849—52; 10) Br. Laubahn 1845—45; 11) Br. Hirsch 1846—47; 12) Br. Brettschneider[7]) 1847—49; 13) Br. Großschupff II. 1849—52; 14) Br. Krone 1853—54; 15) Br. Lattmann IV.[8]) 1854—59; 16) Br. Meyer I. 1859—60; 17) Br. Schmidt II. 1860—61; 18) Br. Lattmann IV. 1861—62; 19) Br. Tappert[9]) seit 1862.

---

[1]) J. Chr. Fr., geb. zu Hildesheim 1815, Hauptmann und Regimentsquartiermeister.

[2]) H. Fr., geb. zu Hildesheim 1782, Anwalt beim Civiltribunale, deckte 1827, gest.

[3]) K. G., geb. 1778, Controleur der Posten, erhielt Dimissor. 1816, gest.

[4]) J. A., geb. zu Klausthal 1789, Lehrer.

[5]) K., geb. zu Braunschweig 1791, Kaufmann, deckte 1847, gest.

[6]) Chr. Fr., geb. 1808, Essigfabrikant, deckte 1841, gest.

[7]) K. H. Chr., geb. zu Vienenburg 1807, Kaufmann in Wiebelah, gestrichen 1854.

[8]) K. Th. W., geb. 1821, Kaufmann und Fabrikant.

[9]) H. Chr. S., geb. 1828, Lehrer am Progymn.

11. Schatzmeister.

1) Br. Claudi[1]) 1809—12; 2) Br. Riese 1812—13; 3) Br. Mävers 1813—20; 4) Br. Lattmann I. 1820—21; 5) Br. Mävers 1821—23; 6) Br. Frölich[2]) 1823—44; 7) Br. Heyne I. 1844—55; 8) Br. Großschupff I.[3]) 1855—59; 9) Br. Nitsch[4]) seit 1859.

12. Subst. Schatzmeister.

1) Br. Lehmann II.[5]) 1837—46; 2) Br. Gravenhorst[6]) 1846—51.

13. Ceremonienmeister.

1) Br. Borchers[7]) 1809—14; 2) Br. Kircher I. 1814—16; 3) Br. Riese 1816—20; 4) Br. Schramm 1820—21; 5) Br. Lattmann II. 1821—24; 6) Br. Kircher II.[8]) 1824—27; 7. Br. Lattmann I. 1827—29; 8) Br. Kahler I. 1829—31;

---

[1]) T. E. E., geb. zu Blankenburg 1774, Kaufmann, gest. 1819.

[2]) G. A., geb. zu Quedlinburg 1773, Collab. am Progymn., gest. 1844.

[3]) W., geb. 1790, Hauptmann a. D., deckte 1860.

[4]) Chr. H. E., geb. zu Lautenthal 1795, Amtsgerichts-aktuar a. D. und Agent.

[5]) K. A. Fr., geb. zu Andreasberg 1792, Obergeschworner, gest. 1847.

[6]) Chr., geb. zu Braunschweig 1799, Gasthofsbesitzer, später Particulier, gest. 1857.

[7]) J. Chr., geb. 1770, Dr. med. und prakt. Arzt, deckte 1819, gest.

[8]) J. Fr. G., geb. zu Braunschweig 1794, Buchdrucker, erhielt Dimissor. 1845.

5**

9) Br. Kahler II.[1]) 1831—33; 10) Br. Deppermann[2]) 1833—35; 11) Br. Lehmann II. 1835—37; 12) Br. Gottschald 1837—47; 13) Br. Brandes 1847—48; 14) Br. Lüttich I. 1848—50; 15) Br. Lattmann IV. 1850—54; 16) Br. Brückner II. 1854—56.

14. Subst. Ceremonienmeister.

1) Br. Fabricius[3]) 1809—14; 2) Br. Herzer[4]) 1814—18; 3) Br. Franke 1819—20; 4) Br. Lattmann II. 1820—21; 5) Br. Frölich 1821—23; 6) Br. Franke 1823—24; 7) Br. Lattmann I. 1824—27; 8) Br. Kahler I. 1827—29; 9) Br. Kahler II. 1829—31; 10) Br. Büsching[5]) 1831— 33; 11) Br. Schmidt I.[6]) 1835—39; 12) Br. Heyne I. 1839—43; 13) Br. Zimmermann III.[7]) 1839—43; 14) Br. Schrader 1847—48; 15) Br. Großschupff II. 1848—49; 16) Br. Bretschneider 1849—50; 17) Br. Fenkner 1850—52; 17) Br. Brandes 1852—54; 19) Br. Krone 1854—55; 20) Br. Buhlert[8]) 1855—56.

---

[1]) G. W., geb. 1802, Kaufmann in Hamburg, gest. 1810.

[2]) G. H., geb. 1787, Kaufmann, gest. 1851.

[3]) L. Chr. Chr., geb. zu Magdeburg 1769, Dr. med. und Kanonikus des ehemaligen Stifts SS. Simonis et Judae, wurde später ausgeschlossen.

[4]) J. H. W., geb. zu Wernigerode, Kaufmann das., gest. 1818.

[5]) J. L., geb. zu Reden 1789, Gasthofsbesitzer, gest. 1833.

[6]) J. H., geb. zu Wernigerode 1789, Revierförster, deckte 1840, gest.

[7]) H. F., geb. zu Ilsenburg 1795, Oberfaktor in Oker.

[8]) Tr. Cr. W., geb. zu Dahlenburg 1794; Oberpostmeister a. D. in Lüneburg.

15. Erste Schaffner (Stewards).

1) Br. Riese 1809—12; 2) Br. Franke 1812—14; 3) Br. Kahler I. 1814—18; 4) Br. Lattmann I. 1818—20; 5) Br. Schmidt I. 1820—21; 6) Br. Kircher II. 1821—24; 7) Br. Mattich[1]) 1824—27; 8) Br. Heyne I. 1827—39; 9) Br. Lattmann III. 1839—43; 10) Br. Gesell 1843—48; 11) Br. Lattmann IV. 1848—50; 12) Br. Kirchhoff[2]) 1850—52; 13) Br. Schultz[3]) 1852—58; 14) Br. Lüttich 1858—60; 15) Br. Walkhoff[4]) 1860—61; 16) Br. Holzberg I.[5]) seit 1861.

16. Subst. erste Schaffner.

1) Br. Mävers 1811—13; 2) Br. Lüttich 1857—58; 3) Br. Walkhoff 1858—60; 4) Br. Holzberg I. 1860—61; 5) Br. Söhle[6]) seit 1861.

17. Zweite Schaffner.

1) Br. Gelpke 1809—13; 2) Br. Heitefuß 1813—14; 3) Br. Bäbenroth 1814—16; 4) Br. Lattmann I. 1816—18; 5) Br. Lattmann II. 1818—19; 6) Br. Schramm 1819—20; 7) Br. Frölich 1820—21; 8) Br. Becker[7]) 1821—24;

---

[1]) Fr. Chr., geb. zu Ufhoven 1794, Kaufmann, gest. 1827.

[2]) E., geb. zu Oker 1806, Papierfabrikant daselbst.

[3]) G. W., geb. zu Northeim 1793, Hauptmann a. D. und Stiftsgüteradministrator, beckte 1861.

[4]) K. G., geb. zu Gr. Oschersleben 1823, Gasthofsbesitzer.

[5]) K. Fr. W., geb. 1799, Lohgerbermeister.

[6]) X., geb. zu Scharzfeld 1808, Particulier.

[7]) Chr. H., geb. zu Wasserleben 1795, Oekonom, erhielt Dimissor. 1824.

9) Br. Lattmann II. 1824—25; 10) Br. Heyne I. 1825—27; 11) Br. Schmidt I. 1827—35; 12) Br. Brückner I.[1]) 1835—37; 13) Br. Lattmann III. 1837—39; 14) Br. Gesell 1839—43; 15) Br. Bruns I.[2]) 1843—45; 16) Br. Lüttich I. 1845—48; 17) Br. Kirchhoff 1848—50; 18) Br. Schultz 1850—52; 19) Br. Gravenhorst 1852—57; 20) Br. Brückner II. 1857—61; 21) Br. Ludolff[3]) seit 1861.

18. Subst. zweite Schaffner.

1) Br. Buhlert 1857—58; 2) Br. List 1858—59; 3) Br. Ammelburg[4]) 1859—60; 4) Br. Ludolff 1860—61; 5) Br. Bruns II.[5]) seit 1861.

19. Wachthabende.

1) Br. Dieterichs III.[6]) 1812—14; 2) Br. Röver[7]) 1816—18; 3) Br. Schmidt I. 1818—19; 4) Br. Lange I.[8]) 1857—60.

---

[1]) W. Ph., geb. zu Herborn 1790, Buchdruckereibesitzer, gest. 1837.

[2]) J. R., geb. zu Gronau 1801, Kaufmann.

[3]) P. Ph. M., geb. zu Hamburg 1817, Gastgeber zur Kaiser-Worth.

[4]) J. Ph. A., geb. zu Frankfurt a. M. 1823, Kaufmann.

[5]) K. K., geb. 1833, Kaufmann und Agent.

[6]) L. Fr., geb. zu Alfeld 1785, Assessor beim Civiltribunale, gest.

[7]) G. W., geb. 1775, Lederfabrikant, gest. 1818.

[8]) Fr. W. A., geb. zu Bühren 1810, Briefbesteller.

Gedruckt beim Br. Brückner in Goslar.

200

71 63 A   C 55.1

www.ingramcontent.com/pod-product-compliance
Lightning Source LLC
Chambersburg PA
CBHW020231090426
42735CB00010B/1638